爱的合约：
给家长和孩子的一本行为合约

Sign Here: A Contracting Book for Children and Their Parents

［美］吉尔·C.达迪根（Jill C.Dardig）
［美］威廉·L.休厄德（William L.Heward） 著

廖旖旎　武立　译

中山大学出版社
·广州·

版权所有　翻印必究

图书出版编目（CIP）数据

爱的合约：给家长和孩子的一本行为合约／（美）吉尔·C. 达迪根（Jill C. Dardig），（美）威廉·L. 休厄德（William L. Heward）著；廖旖旎，武立译．—广州：中山大学出版社，2021.9

ISBN 978-7-306-07229-0

Ⅰ．①爱…　Ⅱ．①吉…②威…③廖…④武…　Ⅲ．①儿童教育－家庭教育　Ⅳ．①G782

中国版本图书馆CIP数据核字（2021）第110746号

Sign Here: A Contracting Book for Children and Their Parents 2nd Edition (0-917472-04-7)
Copyright© 1976, 1981 F. Fournies & Associates, Inc.
129 Edgewood Drive
Bridgewater, N. J. 08807

出 版 人：	王天琪
策划编辑：	陈　慧
责任编辑：	井思源
插画设计：	黄　辛
封面设计：	林绵华
装帧设计：	林绵华
责任校对：	卢思敏
责任技编：	靳晓虹
出版发行：	中山大学出版社
电　　话：	编辑部 020-84111996, 84113349, 84110779, 84111997
	发行部 020-84111998, 84111981, 84111160
地　　址：	广州市新港西路135号
邮　　编：	510275　　传　真：020-84036565
网　　址：	http://www.zsup.com.cn　E-mail:zdcbs@mail.sysu.edu.cn
印 刷 者：	佛山市浩文彩色印刷有限公司
规　　格：	787mm×1092mm　1/16　12.125印张　168千字
版次印次：	2021年9月第1版　2021年9月第1次印刷
定　　价：	78.00元

如发现本书因印装质量影响阅读，请与出版社发行部联系调换。

序言一

　　《爱的合约：给家长和孩子的一本行为合约》的读者可以是儿童、家长和教育工作者。这是一本描述住在同一屋檐下的家人，在面临生活中的小插曲时一起努力寻求积极有效的解决方法，共建和睦家庭的温馨的儿童读物。作者不刻意突出任何一个角色，在通读全文后，相信读者朋友们会发现书中呈现的各类角色就像生活中的你我他。

　　书中的故事情节简洁清晰：人物之间在生活中的磕磕碰碰是引发冲突事件的导火索，这可以引起读者的强烈兴趣；进一步的人物刻画使全书的人物形象丰富饱满起来，也让读者明白了每个角色的性格特点；故事情节的推动源自所有家庭成员想要努力尝试沟通和解决问题；最后，问题得到了圆满的解决。

　　本书有一个十分有意义且有趣的主题——亲子关系。作者成功地塑造了孩子和父母之间的关系、夫妻之间的关系、孩子和家庭之间的关系。作者所讲的用以解决家庭矛盾的方法是这本书的独特贡献。

　　作者向读者朋友介绍的"合约法"，此前只为专业的家庭工作者所熟知，普通家长对之知之甚少，这是一件憾事。因此，让读者了解合约法在家庭环境中所起到的作用是本书的最大亮点，也就是将行为合约灵活运用到构建更为融洽的家庭亲子关系中。

《爱的合约：给家长和孩子的一本行为合约》——因爱之名，共同签署行为合约。标题暗含了故事的出发点，以及当我们面临与书中人物相似问题时值得尝试的绝佳路径。实质上，作者建议读者尝试以签署行为合约的方法履行某些职责或以特定方式行事，但是并不局限于告诉读者以签署行为合约的方式解决矛盾，而是邀请读者直接参与。本书的"合约工具DIY"即是一步一步地向读者介绍处理家庭冲突关系的实用锦囊妙计。面对矛盾，在召开一次全家动员大会后，家庭成员共同积极制订行为计划、相互监督，完成合约后给予奖励。工具包还举例介绍了家庭在日常生活中常遇到的各种问题，以及采用行为合约解决问题的方法。本书提供的空白合约也方便读者朋友们撕下来随即使用。

在日益复杂的儿童教育中，最受欢迎的方法是帮助读者认识到每个家庭成员都有责任共建温馨和睦的家庭，行为合约则是帮助解决家庭问题的有效而简单的方法。《爱的合约：给家长和孩子的一本行为合约》一书将向我们介绍如何使用这些应对方法。

沃尔特·B. 巴尔维博士（Dr. Walter B. Barbe）
《天才少年》(*Hignlights for Children*) 杂志编辑

"为家长和孩子制订合约?"乍一看可能会让大家觉得有点奇怪。但是,对于可能不知道该如何培养孩子养成良好行为习惯的家庭来说(我们在抚养孩子的过程中,不也会遇到这样的情况吗?),这本书太实用了。因此,我向大家强烈推荐这本书。

首先,本书提供了一种实用的、有研究支持的方法来帮助孩子改正不恰当的行为,这些行为不仅会影响家庭的温馨与和睦,也会影响孩子的身心健康。如果您有一个常发脾气的孩子,或者他是一个因沉迷社交媒体而忘记完成家庭作业的青少年,那么本书可以给您提供一些有效的建议。本书对于解决以上问题以及处理其他棘手的情况是非常有帮助的。

我与本书中的两位作者——吉尔·达迪根和威廉·休厄德在好几份出版物中都曾经合作过,他们也是我有幸称为"朋友"的人。他们一直致力于帮助广大家庭与儿童,他们在普通教育、特殊教育和行为分析方面积累了数十年的知识和经验。在个人层面上,我看到了他们的谦虚和奉献,他们不为个人的荣誉或者财富(当然,在特殊教育中有"财富"的说法吗?),而是致力于为正在经历家庭矛盾的父母与孩子提供更有效的建议。

  本书讲述的主要策略是家长和孩子之间签订书面合约，合约双方还可以是兄弟姐妹，甚至可以是孩子与自己签订合约。对于不识字的人或者年龄较小的儿童来说，这份合约可以是基于图像的，签订合约的双方使用图画或照片来代替文字。

  本书还讲述了几个影响干预效果的关键元素，其中一个便是为孩子设定明确的目标。一般来说，除非有人明确地告诉孩子在特定情况下的期望，否则他们会自然而然地表现得"像孩子一样"——或淘气，或乖巧。如果没有人温和、友善、明确地教他们该怎么做，又怎么能期望他们在课堂或餐桌上"守规矩"呢？尽管不需要教就能表现好的情况仍可能发生，但如果想当然地认为他们能自行理解或通过模仿而学会技能，那这样的想法多半有些过于简单。如果家长愿意给孩子细心地设定好期望目标，这将会对孩子的发展有很大的帮助。第二个关键元素是当他们完成这些期望目标后，需要以某种方式"强化"他们的行为或奖励他们。但应用行为分析受到了一些质疑，因为有些人认为这种方式是通过奖励和惩罚系统来训练儿童像机器人一样顺从；然而，如果我们成年人工作时没有得到报酬或某种满足感，我们当中又有谁会自愿地完成工作呢？正确地或很好地完成一件事情的动机是什么？答案无非是这样做能得到一些报酬或快乐，不是吗？对孩子的努力给予某种形式的奖励（它甚至不必是什么具体的东西）不是操纵，而是常识。而且这种奖励会非常有效，比严厉的言语和惩罚效果更好。当孩子达成目标时，家长表扬或者认可孩子的努力，有助于他们更好地成长。

没有任何一本书，也没有任何一位父母能够完美地解决人生中的所有难题，这个难题当然也包括最艰难的工作之一，即如何培养快乐且有良好行为习惯的孩子。《爱的合约：给家长和孩子的一本行为合约》一书对解决这些难题提供了非常有效的指导方针，希望对大家有所帮助。

《让我听见你的声音：一个家庭战胜孤独症的故事》的作者
凯瑟琳·莫里斯 (Catherine Maurice)

第二版作者序

自从第一版《爱的合约：给家长和孩子的一本行为合约》于 5 年前出版后，我们已在超过 300 个家庭里实行和评估行为程序，包括在一对一的个体间，以及在家长参与的儿童管理与家庭生活研讨会上。在一项研究中[①]，59 个家庭在 6 周内制订和实施了总共 154 份合约。在这 154 份合约中，有 138 份（90%）合约的参与家庭认为行为合约成功地促使了家庭成员更好地完成家务劳动。在其他的非正式评估中，我们也得出了相似的研究结果。尽管我们已强调书中的行为合约方法并不能解决所有问题，但研究发现它们是建立与促进更和睦的亲子关系的一种有效方式。

Jill C. Dardig 和 William L. Heward
俄亥俄州，哥伦布
1981 年

---

① Shrewsberry, Robert D. "Assignment Completion in Group Parent Training". Ph.D. Dissertation, The Ohio State University, 1977.

第一版作者序

依联合约（contingency contract）可以说是一种用于解决家庭矛盾的强有力且简单易懂的方法。它不是万灵药，而是可以开启良好人际关系的钥匙。我们希望家长们能在阅读中发现本书的趣味性，哪怕仅仅促使双方坐下来倾听与关心彼此，也是我们最大的成功。

在过去的两年里，我们有幸在许多朋友和同事的帮助下，完成了本书的构思、写作、田野调查和修改成型。

吉尔要感谢她的母亲伊夫林·达迪根（Evelyn Dardig）。正是母亲的鼓励和帮助，让她萌生出创作一本儿童合约书的念头。

比尔要感谢俄亥俄州立大学的同事们：约翰·O.库伯博士（Dr. John O. Cooper）、托马斯·M.斯蒂芬博士（Dr. Thomas M. Stephens）和雷蒙德·H.斯瓦辛博士（Dr. Raymond H. Swassing）。感谢他们对本书的写作给予了专业意见和精神支持。

感谢沃尔特·B.巴尔维博士（Dr. Walter B. Barbe）两次阅读了全篇手稿，并提出了诸多精彩建议和修改反馈。我们也非常感谢阿尔伯塔大学英语系副教授乔恩·斯托特博士（Dr. Jon Stott）为本书所做的优秀的编辑工作。

即便有最好的想法，没有载体也是徒劳。为此，我们要感谢行为地带出版社（Behaviordelia）对本书的理解和支持。感谢迪克·马洛特（Dick Malott）和唐·惠利（Don Whaley）的优秀工作。感谢本书的编辑邦妮·克拉克·沃尔夫（Bonnie Clarke Wolf）的专业态度以及她的付出。

我们很荣幸地邀请到了安妮·皮尔（Annie Pearle）为本书作画。她真的是一位很棒的合作者和极具天赋的艺术家！

本书的出版还离不开俄亥俄州立大学特殊教育系两位博士研究生的辛苦付出，他们的研究也为本书的有效性提供了实证研究基础，其研究成果也被应用于本书的最终版本。麦克·卡布莱尔（Mike Kabler）将本书介绍的合约技能教授给了三个班级的四年级学生。吉姆·诺曼（Jim Norman）将本书介绍的方法应用在有行为障碍儿童的家庭中，并发现通过制订行为合约能有效缓解家庭矛盾。

恐怕帕蒂·勒让德（Pattie LeGendre）和贝弗利·斯密斯（Beverly Smith）现在已经能在心里背诵全文了！他们把整本书稿用打字机打了3次。爱达·豪洛斯（Ida Halasz）设计了书中的"林家印章"。苏珊·C. 奎因（Susan C. Quinn）为使插图更符合儿童的偏好而特意收集了来自儿童的反馈意见。

　　最重要的是，我们要向阅读本书的早期版本并提出反馈意见和修改建议的 40 多名家长和 100 多名儿童表达我们的感激之情。他们中肯的修改建议促使了本书的日臻完善。

　　我们想要再次说明，行为合约并不是万灵药，制订行为合约应被视为推进人际关系更加和睦发展的一个有效步骤。正如开篇所言，哪怕《爱的合约：给家长和孩子的一本行为合约》仅仅促使双方坐下来倾听和关心对方，这也将是我们最大的成功。

Jill C. Dardig 和 William L. Heward

俄亥俄州，哥伦布

1976 年 6 月

目　录

第一章　　小杰和电子游戏 / 1
第二章　　家庭总动员 / 13
第三章　　小杰的合约 / 25
第四章　　合约的疏漏 / 29
第五章　　琳琳和她的手机 / 43
第六章　　米粒与她的小狗和小鱼 / 51
第七章　　爸爸妈妈，轮到你们啦！/ 65
第八章　　怎样学好数学呢？/ 73
第九章　　今晚吃什么？/ 87
第十章　　合约工具包开箱，一起来 DIY 吧！/ 97
第十一章　合约中常见的 12 个问题 / 117
第十二章　处理两个特殊情况的建议 / 121
附　　录　撕下属于你们的合约表吧！/ 127

第一章
小杰和电子游戏

午后的城市仿佛裹着蜜糖,楼下熙熙攘攘。

两个小男孩在屋内光着脚丫嬉笑追逐,笑声噼里啪啦地打破了沉闷的夏天,惊醒了枝头上休憩的小鸟。

男孩一声尖叫:"我们赢了耶!"很明显,他们应该是刚刚赢得了一场"世纪大战",两个人激动地在客厅里奔跑,一眨眼就跳到了沙发上。

"哇,我们是最佳拍档!"皮皮兴奋地说。"可不!我们创造了世界纪录!这是我们共同作战赢得最多的一次!"好朋友小杰急忙点头。说完,他从沙发上一骨碌地滚到地上。

小杰拉着皮皮的手,意犹未尽,继续回忆游戏里英雄是如何打败怪兽的。皮皮边说边模仿游戏中怪兽张牙舞爪的样子,并扑向小杰。小杰不甘示弱,一把拉开房门作势逃跑,在走廊和客厅间蹦蹦跳跳。小杰跳到沙发上,抓起平板电脑游戏手柄兴奋地说:"我好想知道超级英雄下一场会在哪里通关!"

小杰圆圆的眼睛盯着平板电脑里的游戏场景。林小杰特别喜欢打游戏,在他看来,游戏里有一个奇幻世界,那里惊险又刺激。他房间的墙上贴满了游戏

爱的合约
给家长和孩子的一本行为合约

2

第一章 小杰和电子游戏

中的人物海报,对每个角色他都如数家珍。尽管小杰跟爸爸和妈妈提过很多次想要买一个像皮皮这样的平板电脑,但是爸爸妈妈始终没答应。

皮皮拍了拍脑袋,转动眼珠,对小杰说:"下一关是银河系大战!"

听到这,小杰脑中的某一根神经似乎被带动了起来,尖叫道:"哇,酷!银河系大战!"皮皮家就在小杰家对面。小杰突发奇想,像神笔马良一样勾勒出属于他们的宇宙:客厅之间的走廊是银河系,两个客厅可以说是两个星球。两个小男孩在两个客厅间来回奔跑,好似两个客厅足以构成一个小宇宙。皮皮对小杰天马行空的布局深信不疑。"砰砰、嗵嗵……"两个男孩从客厅的沙发蹦到地板上,然后再跳到走廊上。

"看我的火箭发射!"小杰边说边抓起地上的玩具手枪,紧张地应对这突如其来的"战争"场面。

"看我幻影漂移!"皮皮边说边躲到餐桌底下,似乎这能让他躲过一切猛烈夹击。他趴在地上,匍匐前进,推开挡在眼前的所有障碍物——林妈妈摆好的餐椅,椅子们也很"配合"地发出"嘎吱嘎吱"的声音"应援"。皮皮悄悄地爬到沙发边,顺手抓起一只抱枕抬手朝小杰扔去。小杰一个激灵及时躲闪,枕头正好砸中妹妹米粒精心搭建的积木城堡。

"哗啦啦……"积木城堡顷刻间倒塌。

"你们在做什么？吵死了！"卧室传来了林爸爸无奈的提醒。但是，很明显，两个男孩的吵闹声盖过了林爸爸的声音。

林爸爸开始不耐烦地喊道："拜托你们消停点行不行！我一辈子都从没听过这么大的噪音！"小杰和皮皮似乎听到了林爸爸的抱怨声，但由于太过于沉浸在"银河系大战"中，完全抽不开身。

"哈哈！火星撞地球！快快投降吧！"皮皮冲小杰喊。

"想赢我没那么容易！"小杰说完扔下玩具手枪，指着皮皮的平板电脑："游戏还没结束，让我来看看通关银河系还要升级什么装备。"皮皮把平板电脑递给小杰。小杰接过平板电脑，按下"开始游戏"。他得好好研究研究装备。

突然一声："嘭！！"

两个小家伙吓了一跳，回头一看，原来是林爸爸猛地推开了卧室门。

"都给我听着！趁我还能跟你们好好说话，快把那吵闹的游戏关掉！否则永远不让你们再玩游戏了！皮皮，你该回家了。小杰，你给我收拾好地上的积木，把沙发抱枕和餐桌椅子通通归位！"

小杰和皮皮还来不及反应，爸爸语音刚落，"嘭"的一声，房门又关上了。

美好的时光总是那么短暂，皮皮默默地关了平板电脑，帮着小杰一起摆好"战后"的餐椅、抱枕和积木。

第一章　小杰和电子游戏

两个小伙伴无精打采地告别了彼此，小杰也垂头丧气地回到了自己的房间。

窗外的小鸟叽叽喳喳地叫个不停，和窗内的沉闷气氛形成强烈对比。小杰看了看收拾好的家具和积木，又环顾四周，因为爸爸的责怪，突然感到美好的一天变得糟糕透顶。他低着头，路过姐姐琳琳的房间，姐姐正拿着手机与朋友聊天。她看了一眼小杰说："你现在不要进来啦！"姐姐好像聊得很开心呢，只见她一会儿捂嘴哈哈大笑，一会儿陷入思考。

小杰嘟着嘴，无奈地转动眼珠，心里想："嗯……至少今晚被骂的不只我一个了。"他抬头看着墙上的钟表，估摸着妈妈马上要下班到家了，可姐姐琳琳还没开始做饭。想到这，小杰的肚子开始咕咕作响，好像在抗议刚才的"银河系大战"消耗了太多体力，他急需补充能量。

小杰嘟嘟囔囔地走到浴室，看见爸爸正在对着镜子剃胡子。小杰探着脑袋冲着镜子前的爸爸说了句："爸爸，对不起！"爸爸由于每天傍晚上班，早晨才下班回家，脸上写满了疲惫。"我们不是故意吵醒您的。我总觉得有人从中午睡到下午四点是件很奇怪的事情。我经常忘了这茬事。"小杰懊恼地低下头，心里很自责。

"哎呀，儿子，你怎么就记不住呢！你看看啊，不是所有的人都那么幸运

爱的合约

给家长和孩子的一本行为合约

第一章　小杰和电子游戏

能在白天工作。你老爸我是在晚上工作的,这意味着我白天需要补觉,我的作息时间跟你们不一样。"

小杰回想起每天早晨当大家准备好开始新的一天的时候,爸爸才带着一身的疲惫刚刚回来。想到这,小杰就更内疚了。"爸爸,对不起,我保证不会再吵了。"小杰向爸爸再次道歉。

"你都保证过多少次了,哪次你做到了?这已经是过去两周以来第五次把我吵醒了。"爸爸转过身继续刮胡子。小杰心里闷闷的,感到又抱歉又难过。他也不想吵醒爸爸,只是一玩起来,就不记得爸爸正在睡觉了。

正在这时,林妈妈下班回家了。林妈妈放下包,来不及听父子俩的控诉便径直跑进厨房。果不其然,厨房传来了妈妈抱怨姐姐琳琳的声音。小杰看着妈妈在厨房忙碌的身影,他走进厨房,本想跟妈妈打个招呼,只见妹妹米粒也"躲"在厨房里面。妹妹一看到哥哥,兴奋地跟哥哥玩起了躲猫猫。她一会儿躲在妈妈的脚后跟处,一溜烟儿又跟跟跄跄地跑去客厅,冲着站在厨房里的哥哥喊:"来抓我啊,哥哥!"小杰想逗逗可爱的妹妹,于是配合着她玩躲猫猫。妹妹一边跑,一边发出咯咯的笑声。

林妈妈正在厨房忙得热火朝天,身边的孩子吵得她晕头转向。林妈妈很不耐烦地说:"小杰!能不能消停点儿,不要追着米粒满屋跑了!"她瞥了一眼

爱的合约
给家长和孩子的一本行为合约

餐厅的垃圾桶,继续说:"你今天有没有喂小狗?有没有倒垃圾?"林妈妈忙碌了一天,她多么希望孩子们能尽可能地分担家务,也希望孩子们快快长大,体谅到家长的辛苦不易。

"唉,又来!为什么今天所有的人都针对我?"小杰忍不住小声嘟囔。此时,林爸爸走向正在厨房忙碌的妻子,嘟囔地说:"不仅如此,今天他和好朋友又吵得我无法补觉。"

林妈妈摇摇头,停下手上的活,叉着腰抱怨道:"小杰,你说我们该拿你如何是好啊?!还有,琳琳,你究竟在哪儿啊?!拜托,能快点来厨房帮我准备晚餐吗?"话音刚落,她看到小女儿米粒又在"干坏事"了。

"米粒,你又对那只可怜的小狗做什么?快放它下来!"林妈妈继续朝米粒喊。

林爸爸看到气急败坏的妻子,轻声地说:"别这样对米粒大喊大叫吧,她毕竟还是个孩子嘛。"

"汪——汪——汪——"

小狗毛毛也来添乱。它躲在垃圾桶后面,冲着眼前这一群热闹的人们汪汪叫,仿佛也想加入并发表意见。站在一旁的小杰再也待不住了,赶紧走向垃圾桶,一只手把毛毛抱起,另一只手提起垃圾袋迅速跑了出去。他一口气冲到了

爱的合约
给家长和孩子的一本行为合约

第一章 小杰和电子游戏

楼下，把毛毛放在草坪上后，就去扔垃圾了。

小杰长舒了一口气，开始喃喃自语："我为什么会生活在这样的家里?！争吵、争吵、争吵，抱怨、抱怨、抱怨……好像每天都要被爸爸妈妈训一顿。"

毛毛安静地靠在小杰旁边，它盯着这个苦恼的小男孩，一边半懂不懂地倾听着，一边摇晃着尾巴，好像在安慰他。小杰走到小区的空旷处，随手捡起一根树枝用力地抛向远处，这似乎能让他感到心情舒畅一点。毛毛叼着树枝，欢快地跑回小杰身边。

就这样，小男孩接过树枝，又抛了出去。

小杰知道自己很爱爸爸、妈妈、姐姐和妹妹。事实上，他也非常确定家人之间都深爱着对方，只是他不明白家人之间为什么会有那么多的争吵和抱怨。他一边自言自语，一边接过毛毛叼回来的树枝。每次家里发生这种事情时，他都希望可以逃到其他地方，逃离这样的气氛。

"我宁愿在学校参加考试，考数学都可以！"小杰嘟囔着说。因为数学是他最头疼的科目。念叨完，他又用尽所有的力气将树枝抛向远处。

回头想想，他知道自己并不是唯一一个面临这些成长烦恼的人。在他的身边，很多同学和朋友的家里也会因为生活琐事而出现这样或那样的矛盾。本该和家人一起度过的美好时光，却演变成家庭成员间的争吵不休。

小小少年，小小烦恼。

偶尔苦闷，偶尔阳光。生活就是这么的让人烦恼，有时却也让人惊喜。

他抬头望着天，牵着调皮可爱的小狗往回走，那是家的方向。

"该回家吃饭咯！"

晚饭时间，家里的气氛并未缓和，饭桌上每个人都还在相互指责和抱怨。爸爸妈妈开始翻旧账，埋怨小杰从来都不收拾自己的房间，埋怨姐姐每天都在玩手机，没有帮父母分担家务。孩子们排排坐，接受家长的训话。林小杰忍不住嘟囔："老爸老妈，你们俩每天都对我们大喊大叫。'做这个，做那个！'老是对我们不满意。"

"够了，不要再吵了！"林妈妈发话，热闹的场景就像被按了暂停键，大家齐刷刷地看向林妈妈。

"我们是一家人，遇到问题要一起解决。先安安静静地吃饭，吃完饭收拾好桌子，咱们开一个家庭会议。是时候该做出一些改变了！"

第二章
家庭总动员

"好!全体注意,现在是家庭会议时间。"

林妈妈首先总结了这段时间家里存在的问题:"我们希望你们能乖乖听话、分担家务,你们希望我们能对你们少些抱怨、多些鼓励。如果大家都能做好自己的事情,我们的家就会变得温馨和睦。"

"是时候做出改变了!"当林妈妈说这句话的时候,大家都认真地倾听并看着对方。

林爸爸随后提出了自己白天补觉被打搅的事情。他希望小杰放学回到家可以安静一点,因为大家在睡觉的时候他在上夜班,他白天需要补觉。当爸爸说这番话的时候,小杰不敢直视爸爸的眼睛,他心虚地瞥向别处。其实,小杰觉得自己已经在尽量自律了,只是他认为自己上了一天的课,回到家只想放松玩一会儿。

"你想玩一会儿可以理解,但有些家务事你没有完成。直到妈妈下班回家后,你都没有清理垃圾,也没有喂毛毛食物和水,而且你的房间总是一团乱。我们该拿你怎么办啊?"爸爸进而指出自己对小杰的不满。

爱的合约
给家长和孩子的一本行为合约

14

林妈妈继续补充："小杰不是唯一一个不帮忙做家务的。"说到这里，林妈妈转向姐姐琳琳："琳琳，好像每次回家我都看到你拿着手机聊个没完。你知道我们多么需要你帮忙做家务吗？"

　　可是琳琳委屈地说："妈，就算我努力地帮你一起准备晚餐，你还是会抱怨我老是玩手机。"

　　大家相互指责，谁也不认输。林妈妈忽然站起来，她朝着站在金鱼缸旁边的小女儿喊："米粒，不要！"小杰看都不用看就知道发生了什么，米粒一定正在玩她最喜欢的游戏——抓金鱼！林妈妈跑去把小女儿一把抱到一边，对她说："我要跟你说多少次，离金鱼缸远一点，别把手放进鱼缸里。"说完她把鱼缸放到了书架顶上。

　　处理完鱼缸，林妈妈返回座位。她望着乱糟糟的客厅和乱哄哄的孩子们长叹一口气："我们该拿你们这群'熊孩子'怎么办啊？真让人头疼。我们工作了一天，就不能在家享受片刻安宁吗？"

　　孩子们半晌默不作声，姐姐琳琳打破了暂时的尴尬。她鼓起勇气反问："嗯，那你们呢？你和爸爸老是对我们大吼大叫，好像我们做什么都是错的。"

　　"好了，够了。"林妈妈说，"吵够了，闹够了，现在这里的每个人都有抱怨的事情。没有人是完美的。我们必须想出对大家都有效的方法。我们是一家

爱的合约
给家长和孩子的一本行为合约

人，而且我们都爱对方，不是吗？"

"是的，妈妈。"小杰第一个发声支持。

"你说得对，孩子他妈。"林爸爸补充道。

"我爱爸爸妈妈！"小米粒也似懂非懂地跑到妈妈怀里表示支持。

"我有一个好主意，说不定可以解决家里的问题。"琳琳突然的提议引起了全家人的强烈好奇。

"是什么呀？是什么呀？"

琳琳抿着嘴巴说："呃，听起来可能会有点可笑，我的意思是不知道是否可以用在我们家，但是我们曾经在张老师的课堂上做过。"

"别卖关子了！快告诉我们是什么。"爸爸迫不及待地问，睁着大大的眼睛看着这个古灵精怪的大女儿，等着她告诉大家一个解决家庭矛盾的好方法。

"好吧，先打个招呼，你们听完会觉得挺滑稽。"

"告诉我们吧！"

"嗯，在英语课上，张老师为了让我们更好地完成功课，会和我们签署合约。"

"合约？合约能对我们的家庭有什么作用？"林妈妈迫切地问。

"什么是合约啊？"还在上小学二年级的小杰继续发问。对小杰来说，合约还是一个新鲜古怪的名词。

"合约就是约定。它规定了你必须做的事情以及完成后会得到的奖励。每当你完成合约上的任务，你就可以做一件喜欢的事情或者得到喜欢的东西。我觉得合约的好处就是每个人都必须遵守它。"

林爸爸笑而不语，有些不想打断大女儿的提议，但还是没有忍住，问道："你认为我们可以与家里的每一个人都签订合约吗？"

"看吧，我就说这个方法听起来有点滑稽可笑。"琳琳轻声嘟囔，开始自我怀疑。

林爸爸急忙澄清："不是的，我并不是说这个方法可笑。我只是不明白我们为什么需要一纸合约来规定我们本该做的事情，你妈妈和我就从未与我们的父母签订过合约。但就目前来看，我愿意做任何尝试。"

林妈妈果断地说："合约可能管用！尤其可以让孩子们乖乖听话。"

为了让一家人和和睦睦，林爸爸和林妈妈一向都会认真听取孩子们的意见，哪怕只是琳琳或小杰一时半会儿的奇思妙想，他们也会用心考虑，鼓励孩子们积极思考，一起解决家庭问题。

琳琳喜出望外，她强调："不过合约也规定了你和爸爸要做的事情哦。我们完成合约后还需要有相应的奖励呢。"

第二章　家庭总动员

　　林爸爸皱着眉头问:"奖励什么呢？我越来越搞不懂了。不管有没有奖励，孩子们本就该乖乖听话啊。现在听起来像是我们要收买你们去做本就该做的事情。"

　　林妈妈却轻松地说:"孩子他爸，你别着急。反正我们也喜欢跟孩子们一起做有趣的事情。我想可能因为有了合约，孩子们就有了为获得奖励而努力的动力。对，就是这样！说不准啊，这能让他们更有责任感，也许能解决目前家里的一些问题呢。"

　　听了妻子的话，林爸爸摸摸头，轻声地说:"哦，我从没说过我不想试一试！"

　　"真的吗？我们真的可以试一试？"琳琳兴奋地问道。

　　"可是，合约是什么样子的呢？"小杰问姐姐。

　　"合约是写在一张纸上的。当一个人与对方制订合约后，他们就要做到合约上所写的一切。"

　　"但是，是什么促使双方去做到合约上所写的一切呢？一张纸就能让大家做任何事情啦？"对于自己不清楚的事情，小杰一直有一种"打破砂锅问到底"的决心。

　　琳琳耐心地解释说:"还记得我刚刚说的话吗？在你完成合约上的任务后，

爱的合约
给家长和孩子的一本行为合约

你就可以得到合约上的奖励。在英语课上,每当我完成十页作业,就可以换得十分钟读小说的时间。我甚至可以把最喜欢的杂志带到学校。不过,在你签署合约之前,你要先同意上面所写的任务和奖励。合约内容必须公平。"

"所以,如果我觉得合约不公平就可以不签名。是这个意思吗?"

"是的,非常对!还有一件东西能让合约生效。"

"是什么?"

"一个家庭印章。"

"一个家庭印章?"小杰睁着圆圆的大眼睛问。

"是的,家庭印章可以是合约上的小画或者小贴纸,意思是'签字画押,说到做到!'。"琳琳望向爸爸和妈妈,眼里写满了喜悦和期待。她继续问:"爸妈,你们觉得这个主意怎么样?"

林爸爸和林妈妈相视一笑,脱口而出:"为什么不试一试呢?"

琳琳开心地打了个响指,然后提议说:"因为是我出的主意,可以先从我开始尝试,看看合约是否有效。"

小杰迫不及待地说:"我也想要一份合约!"

林爸爸点点头,看着孩子们对制订合约有那么强的动力,他举双手赞成:"有什么理由不让你们试试呢。"

爱的合约
给家长和孩子的一本行为合约

第二章　家庭总动员

　　琳琳首先发言："我的合约是帮忙提前准备晚餐。"

　　小杰紧接着兴奋地说："我的合约是放学回家不吵醒爸爸。"

　　林妈妈开心地提议道："我们都来想想自己的合约内容是什么，然后明天晚上一起签订合约。"

　　"那我得设计一个家庭印章让我们的合约生效！"小杰高兴地宣布。话音刚落，只见他一溜烟地跑进房间说干就干了。

　　林小杰把所有的必需品放在桌面上，颜料、绘画笔、纸和剪刀，万事俱备！他坐在桌子前开始着手设计"林家印章"。

　　他开始发挥想象，反复修改，一定要展现出最得意、最完美的作品。

　　"太枯燥……太乱……这样……也不是那么回事儿……"小杰一边找东西一边念念有词。然后他端端正正地坐在书桌前，开始认真地画了起来。圆形的狮子图案？正方形的画有超人的图案？啊！还要有家庭姓氏……很快，小杰就想到了好多种图章的样式。经过一个半小时的涂鸦和尝试后，他终于做出了自己最满意的图章。

　　夜深人静，周围静得只听见小狗毛毛酣睡的呼呼声。

　　小小少年看着自己的佳作，洋洋自得。

　　清风向晚，不知不觉，星星和云朵躲在了月亮背后，月光把影子越拉越长……

爱的合约
给家长和孩子的一本行为合约

第二章
小杰的合约

  第二天早晨,小杰邀请全家人到他的房间来欣赏"林家印章"。他把设计好的画贴在墙上,还找来了一块布遮住。当所有人都聚精会神地翘首以盼时,小杰就像变魔术一样"咻"地一下揭开了"幕布"。纸上跃然呈现小杰连夜做好的家庭印章。

  林爸爸竖起大拇指:"真不错哦!"

  林妈妈会心一笑:"小杰,设计得很精美哦!"

  琳琳赞同地说:"对,这就是我们的家庭印章!"

  正当大家都沉浸在拥有了属于自己家的印章的喜悦中时,却听见小捣蛋米粒哼唧地说:"果汁……"原来是妹妹米粒发现了一瓶打开的橘黄色颜料,错把颜料当成了饮料。她舔舔嘴巴,心想这个喝起来一定很美味吧,忍不住伸手去拿。琳琳刚用余光看到,立马伸手想要阻止,不过,已经太晚了……

  "啪嗒……"颜料洒在了木地板上。

  林爸爸扶额说道:"这下糟了!又得花一个小时来收拾残局。"

  接着,林爸爸环顾四周,抱怨着说:"话说儿子,看看这个房间,我打包

爱的合约
给家长和孩子的一本行为合约

票,自打你过完八岁生日,都还没有收拾过吧。"

"呃……"小杰心虚地环顾四周。他不得不承认,干净整洁的标签确实不适用于他的房间。只见房间里衣服胡乱地堆在椅子上,衣柜的门半开着,门角处还塞着一只袜子,早上的被子揉成了一团,还没来得及整理。小杰说:"要不就把这个作为我的第一份合约?我的意思是——打扫我的房间。"

"我们可以试试。"林妈妈开玩笑地补充说,"这房间看起来就像爆炸现场。"

琳琳说:"小杰,给我一张纸。我来教你如何制订这第一份合约。"

尽管书桌上堆满了各种纸、笔和课本,但小杰一通乱翻,还是从里面找出了一张白纸递给琳琳。毕竟作为乱七八糟的房间的主人,他还是能找出自己需要的东西的。

"现在让我们开始吧。"琳琳说,"你需要在合约的左边写上要做的任务或者工作,合约的右边写上完成合约后可以得到什么。小杰,然后你和爸爸或者妈妈一起签名,再盖上章,就完成了!"

小杰按照姐姐的话立刻在合约的一边写下"清理房间"。至于合约的另一边,也就是写奖励的那一侧,他满怀期待地问:"嘿嘿,爸妈,你们可以给我什么奖励呢?"

林爸爸思索了一会儿,然后说:"嗯,小杰,打扫房间这个任务挺好的啊,之前我和妈妈一直都在帮你们打扫房间,现在你可以自己打扫就最好了。 如

第三章　小杰的合约

果你能打扫自己的房间一整周，咱们父子俩就周六一起去玩。这是只属于你我的共处时间，我们可以去踢球、画画、骑自行车，甚至可以一起玩游戏，做任何你想做的事。你觉得怎么样？"

"我举双手双脚赞成，爸爸！"

看着小杰诙谐可爱的模样，全家哈哈大笑。林爸爸在合约的另一边写上"与爸爸的周六特别时光"。然后他在合约里盖上了林家印章，并和小杰一起在合约的一角签了名。

"完成啦！"小杰高兴地宣布。

"好了儿子，现在你有属于自己的合约了。你要抓紧时间去上学了，如果我们再聊下去你就要迟到了。这样吧，我先帮你一起把地板上的颜料清理干净，剩下的等你放学回家了再收拾吧。"

他们找到了一些旧抹布来清理地上的颜料，不一会儿，地板干净如新。

"我得赶紧出门啦，爸爸。"

"是得赶紧出发了。哦，别忘了把垃圾桶里的脏抹布带出去扔掉，这些是易燃物品，我们要注意防火。我现在要去补觉了。"爸爸打了个哈欠，跟儿子说完再见便朝卧室走去。

小杰一路小跑地去公共汽车站。也许是因为合约，他觉得家人们在朝同一个方向努力。一想到这，他嘴角上扬，越跑越带劲儿。动起来的感觉真好！

爱的合约

给家长和孩子的一本行为合约

第四章
合约的疏漏

小杰下课后,连忙坐上公交车,然后一路小跑回家。他迫不及待地想要开始履行合约。快进家门的时候,他放慢了脚步。他可不想再吵醒正在补觉的爸爸。

其实,完成自己拟定的这份合约非常简单。小杰把之前堆在床上、椅子上的衣服、玩具、模型都捡起来,把没穿过的衣服放回衣柜挂好,把穿过的衣服放到洗衣机旁边的脏衣篮里,最后把玩具、模型都摆到游戏柜里。"小菜一碟!"他暗自得意。环顾四周,不得不说,收拾后的房间看起来干净整洁。

清理完毕,在洗手准备吃晚饭的时候,小杰看着镜子里的自己感到非常自豪。

吃完晚餐,小杰迫不及待地拉着爸爸的手说:"老爸,快过来,验收合约!"

"好的,好的,这就去。"父亲有些好奇,然后跟着儿子来到了卧室。

小杰非常兴奋地说:"爸,您觉得怎么样?"

"抱歉,儿子,你的书桌看起来还是一团糟。我认为你今天没有很好地履行合约。"尽管林爸爸不忍心打击小杰的积极性,但他还是坚持合约上的规定。

爱的合约
给家长和孩子的一本行为合约

第四章 合约的疏漏

"但是爸爸，你并没说我的书桌也要看起来干净整洁。你看，整个房间看起来很整洁了啊。我至少完成了部分合约吧。"小杰不甘心地争辩道。

"在我看来你并没有完成。"爸爸回应道。

琳琳蜷缩在客厅的沙发上看书。她向房间内偷瞄了一眼，隐约听到弟弟房间传出来的争论声。"大事不妙。"她心想，于是快速跑到小杰的房间。"需要帮忙吗？"琳琳小声地说。

"没有用！你讲的合约根本没有作用。"小杰有些气急败坏，期待了一天的履行合约到头来却不被爸爸承认。

"琳琳，也许你弟说得对。"爸爸继续说，"你看，我们费了老大的劲儿与小杰签订了合约，但他还是没有整理好自己的房间。"

"我打扫了啊。你们欺负我！"小杰带着哭腔说。

"等一等，"琳琳说，"我觉得合约还是会起作用的。只是我忘了说明一个很重要的规则，那就是一定要具体！"

"具体是指什么？"

"是指你在合约上所写的内容一定要越具体越好，这样才没有人反驳。这也是我们现在的问题所在。"琳琳解释道。

小杰半信半疑地问："嗯……你是怎么知道的？确定是这个原因？姐姐，

爱的合约
给家长和孩子的一本行为合约

第四章　合约的疏漏

你怎么这么聪明。"

其实，在确定使用合约后，琳琳回到学校告诉了英语老师，她的家里也要试一试合约。因为在学校制订合约时也出现过类似的问题，刚开始时信息写得不够具体，同学们都认为合约没有效果，所以张老师借给她一本书作为参考。琳琳把一本名为《爱的合约：给孩子和家长的一本行为合约》的书递给了小杰和爸爸。

他们三个人一起阅读书里的合约样本。书里详尽地列举了好的示范和不好的示范，其中就有类似小杰和林爸爸制订的那份合约：过于简洁而内容不够细化的合约。书里还给出了相应的解决方法：签署合约的双方经过协商后，再次制订任务内容详细且具体的合约。通过不断试错、学习和修正，便可以制订出具体有效的行为合约。书的最后有空白的合约样本，小杰撕下一张空白的合约，重新在上面写上了合约任务。在"做到程度"那一栏，小杰把"打扫房间"这项任务描述得具体了一些。

"小杰，我们把书里的这张合约表拿出来，再做份合约吧？你看，这章里有描述写好的合约任务应该是什么样子的，我们也把'打扫房间'这项任务具体化吧？"琳琳找出书里的相关内容，展示给小杰看。

"我懂了！"机灵的小杰很快就明白了任务具体化的意思。"也就是说，我

爱的合约
给家长和孩子的一本行为合约

📋 任务		❀ 奖励	
名字：	林小杰	名字：	爸爸
事件：	打扫房间	事件：	和爸爸在一起
时间：	每天——爸爸每天吃完晚餐后检查	时间：	周六
做到程度：	1 把桌子、床、书桌和椅子上的所有衣服叠起来； 2 把玩具、模型和画笔等收纳到书桌上； 3 清理好桌面，整理好书、纸和笔； 4 整理床铺。 可以一周有一天未做到但仍然得到奖励。	做到程度：	小杰和爸爸一起单独玩两个小时，小杰可以选择玩什么，例如和小杰一起踢球、骑自行车、画画、打游戏和去水上乐园。 小杰还可以带他的朋友一起去。
➢签名：	林小杰	日期：	3月30日
➢签名：	林爸爸	日期：	3月30日

✦ ✦ ✦ **任务记录** ✦ ✦ ✦

要列出所有关于打扫房间的内容,像是叠被子、收衣服、整理书桌这些。"说完他就按照书里给的示例做了一份新的合约出来:

1. 把桌子、床、书桌和椅子上的所有衣服都捡起来;
2. 把玩具、模型和画笔等收纳到书桌上;
3. 清理好桌面,整理好书、纸和笔;
4. 整理床铺。

"好了,爸爸,现在看起来怎么样?"

小杰把新的合约递给爸爸看,父子俩打算明天开始履行新合约。但是,小杰若有所思,他问道:"爸爸,如果只有一天我没有做到怎么办呢,是不是就不能享受周六的终极大奖了?"

"我明白你的意思,人无完人。我们在合约里再加上一条,如果只缺勤了一天将不会影响终极大奖。记住是仅此一天哦,不能再多啦。"爸爸边笑边看着小杰。如果可以帮孩子建立规则,让他承担部分责任,那么父母也不用太过严苛,毕竟古语有云:过犹不及,事缓则圆。

爸爸的这个提议不错,小杰也同意。正当父子俩要签名的时候,琳琳打断了他们:"还有一件事情……"

"还有什么？"两人异口同声道。

"现在，小杰把合约上的任务具体化了，同样地，奖励也需要具体化哦。记住，合约双方都要遵守公平的规则，内容要清晰明确。"

"琳琳，你说得对。好吧，小杰，把合约给我，我们要改一改另一边。"随后，在"和爸爸在一起"那一栏，爸爸写下"踢球、骑自行车、画画、与小杰一起打游戏……"

"再写上去水上乐园吧！"小杰用"乞求"的眼神看着爸爸。

"可以！"林爸爸点头同意，随后在合约里加上了"去水上乐园"。

"我还可以带上一个朋友吗？"

"当然！"随后林爸爸又加上了"小杰还可以带他的朋友一起去"。"从现在开始，我会在每天晚餐后检查你的房间哦。"然后他在合约上写下"晚餐后检查房间"。

"好的，让我再看看合约，我得记住自己每天要做什么。"小杰说。

* * *

在对履行新合约的期待中，小杰飞快地度过了新的一天。放学回家，小杰径直地跑进了房间。他拿起合约，并且看着合约上的条条框框。"嗯……这个究竟是什么意思呢？"他看着合约上的第一条暗自思考，上面写着："把桌

第四章　合约的疏漏

子、床、书桌和椅子上的所有衣服都捡起来。"小杰完成了合约上的其他几条。他把玩具、模型、书和画笔都收好了,并且还清理好了桌面,把书、纸和笔也都整理好了。

然后他又回头看着合约的第一条:"把桌子、床、书桌和椅子上的所有衣服都捡起来。"

"好吧,既然合约是这么写的,那我就这么做吧。"

小杰一边收拾扔在地板上的衣服,一边忍不住咯咯直笑,同时又从衣柜里拿出一堆衣服。他把衣服一件件地扔到柜门上、吊灯上和天花板上垂挂的飞机模型上,并确保地板上、床上、书桌和椅子上都没有散落的衣服。完成后他环顾四周,不禁扑哧一笑。"对,就是这样!"他心想。然后他关上了房门,跑出去玩了。等到晚餐后,他就知道合约究竟有没有起作用了。

晚上,全家人吃完饭后跟着小杰来到了他的房间。大家都觉得小杰吃饭的时候看起来奇奇怪怪的,但并不知道他在打什么主意,直到大家打开了房门。

"大家觉得如何?"

琳琳和林妈妈开怀大笑。林爸爸简直不敢相信自己的眼睛,愣了一会儿后,也跟着也笑出声音来。甚至连跟在大家身后的小米粒也嘻嘻哈哈地笑了起来。

爱的合约
给家长和孩子的一本行为合约

38

第四章 合约的疏漏

"妈妈你看,弟弟的裤子快要挂到天上了。"

"嗯,爸爸,你觉得我的合约完成得怎么样?"

"你是在搞笑吧!"

林妈妈却说:"孩子他爸,等等,小杰完全是按照合约所说的在执行哦。他把地板上、床上、书桌和椅子上的所有衣服都捡起来了。"

"确实如此!"林爸爸也不得不承认这一点。

小杰房间里天花板的挂饰上七零八落地挂满了衣服:一条裤子的裤腿垂垂荡荡地从吊灯上落下来,一件红色的背心挂在悬挂的飞机模型上,还有五颜六色的袜子和内衣晃晃悠悠地半挂在墙上的壁画上。

"真是百密一疏啊!你这个淘气包!"林爸爸看似责怪,却被眼前的场景逗乐了。

小杰看着爸爸,试探地问:"您觉得怎么样啊?"

林爸爸回答:"儿子,根据今天合约的完成情况,我现在还真要算你完成了。实事求是地说,你确实完成了合约上所写的'把衣服捡起来'。不过你把裤子和衣服挂在墙上的小计谋,我们是不是要改一改?"

小杰摸摸脑袋,睁大眼睛说:"当然啦,爸爸。我只是开个玩笑,测试你和妈妈是否真的会严肃地对待合约。现在,合约里还差一句话。"

爱的合约

给家长和孩子的一本行为合约

合 约

📋 任务		🏆 奖励	
名字：	林小杰	名字：	爸爸
事件：	打扫房间	事件：	和爸爸在一起
时间：	每天——爸爸每天吃完晚餐后检查	时间：	周六
做到程度：	1. 把桌子、床、书桌和椅子上的所有衣服捡起来；所有衣服都必须收拾好，放进衣柜或者挂在衣架上。 2. 把玩具、模型和画笔等收纳到书桌上； 3. 清理好桌面，整理好书、纸和笔； 4. 整理床铺。 可以一周有一天未做到但仍然得到奖励。	做到程度：	小杰和爸爸一起单独玩两个小时，小杰可以选择玩什么，例如和小杰一起踢球、骑自行车、画画、打游戏和去水上乐园。 小杰还可以带他的朋友一起去。
➤ 签名：	林小杰	日期：	3月30日
➤ 签名：	林爸爸	日期：	3月30日

✦✦✦ 任务记录 ✦✦✦

周一	周二	周三	周四	周五	周六	周日	周一	周二	周三	周四	周五	周六	周日	周一
		✗												

说着,小杰拿起笔,在合约第一条的后面加上"所有衣服都必须收拾好,放进衣柜或者挂在衣架上"。就这样,关于小杰打扫房间的合约内容又得到了恰当的更新和完善。

大家也对更改后的合约表示认同,最后签名盖章。

第二天晚上,林爸爸检查小杰的房间时,发现房间非常干净,正如合约所示。爸爸对小杰说:"看起来真不错哦,小杰!"小杰站在他身后,洋洋自得。

"谢谢老爸夸奖。"小杰看到爸爸开心的样子也感到很满足,并开始期待属于他们的"周六特别时光"。他也暗自下定决心,放学回家后要继续保持安静。

爱的合约
给家长和孩子的一本行为合约

合 约

任 务		奖 励	
名字：	林琳	名字：	妈妈
事件：	帮忙做饭	事件：	玩手机的时间
时间：	周一到周五下午5点前	时间：	每晚
做到程度：	帮忙做饭。爸爸或妈妈会留下需要准备的事项清单。	做到程度：	给琳琳30分钟的时间跟朋友聊天；如果一周都按时准备了晚餐，周六和周日可以聊更久
签名：	林琳。	日期：	4月1日
签名：	林妈妈	日期：	4月1日

任务记录

第五章
琳琳和她的手机

　　这天,林妈妈下班回家的时候,最先迎接她的是琳琳的欢笑声。和往常一样,初中生琳琳正在用手机和班里的几个好朋友视频聊天。"嗯……"林妈妈想,"也许琳琳已经准备好晚餐了吧。"她深吸一口气,就好像能闻到食物的香味一般。但等走到餐厅后,她摇摇头,事实并非如她所愿。

　　琳琳不一会儿结束了聊天,她已经猜到妈妈此时应该在厨房忙碌了。

　　"好了,琳琳,我想是时候写你的行为合约了。你可能早就猜到是关于什么的了。"

　　"用脚趾头想我都能猜到,妈妈。"琳琳毫不犹豫地说:"我这就去房间写我的合约。"

　　五分钟后,琳琳回到了厨房,递给妈妈她拟好的合约。合约的底部盖上了家庭印章。

　　待林妈妈读完,琳琳迫不及待地问:"看起来怎么样?"

　　"看起来不错,琳琳。签完字后,我们把它贴在橱柜门上吧,这样也能提醒我们。"

爱的合约

给家长和孩子的一本行为合约

第二天下午,琳琳 4 点半就回到家了,她径直走进厨房开始准备晚餐。5 点左右她已将鸡蛋下锅了,她卖力地翻炒,然后开始切西红柿,麻溜儿地放进锅里。不一会儿,一份西红柿炒鸡蛋就快要出锅了。

林妈妈下班回家,她寻着食物的香味推开厨房门。

"琳琳,真不错,晚餐看起来已经准备好了!"

得到了妈妈的夸奖琳琳很开心。随后林妈妈接手,又多加了两个菜,吩咐女儿去做作业,并顺便叫醒爸爸,准备吃饭。

晚上 7 点,大家吃完晚餐并收拾完毕。小杰和爸爸妈妈坐在电视机前看全家人最喜欢的电视节目《自然世界》。琳琳则独自留在餐厅和朋友视频聊天。米粒在玩积木。米粒的积木作品在家人看来别具一格,堆得大小不一。她喜欢堆一座大大的积木城堡,然后爬上去。

林爸爸看着女儿笑着说:"米粒很会玩积木呢!搭的宝塔真好看!"

第五章　琳琳和她的手机

爱的合约
给家长和孩子的一本行为合约

46

第五章　琳琳和她的手机

米粒似乎听懂了爸爸的夸奖，嘻嘻地笑，陶醉在自己的杰作中。

林妈妈看了看手表，说道："哎呀，8点了啊，琳琳已经玩了一小时手机了，合约上写的是玩半个小时的手机，我得去餐厅看一下她。"就在这时，琳琳出来了，她好像意识到了什么。

"呃……我是不是打电话打太久了？"

"是的，我的宝贝女儿，很开心你意识到这个问题。这样履行合约，我觉得好像不太好呢。"

"知道了，妈妈。我不是故意的，我觉得我才刚开始打，一眨眼一个小时就没了，连我自己都没有察觉到。真的！"琳琳有点委屈。

小杰从沙发上跳起来："哈！我有一个主意。跟我来！"

大家跟着小杰来到厨房。小杰停在灶台前。

"哦，烤箱定时器！我怎么没有想到？当我开始聊天时，用定时器设定半个小时，铃响我就不聊了。而且这样大家都能听到，也可以监督我。"

"小杰，这个主意不错。"林妈妈继续说，"琳琳，明天试试这个方法吧！"

大家会心一笑，表示赞同。看到大家都站在餐厅，小杰突然心血来潮，提议一起做饭后宵夜——爆米花！大家拍手赞成，说干就干。不一会儿，锅里传来噼里啪啦的声音。

第五章　琳琳和她的手机

噼——噼——啪——啪——

"你听到噼里啪啦的声音了吗?"琳琳侧耳倾听,半信半疑地问。

"呃……听到了。"

只是这声音好像来自客厅,它与厨房里爆米花的声音遥相呼应。

"该不会是……"林爸爸急匆匆地跑到客厅。

爱的合约
给家长和孩子的一本行为合约

第六章
米粒与她的小狗和小鱼

果不其然,所有人跑到客厅,只见小米粒正要往鱼缸扔进第四块积木。

"不!停下来,米粒!"林妈妈大喊。米粒转过身,积木从手中滑落在积木梯子旁。

平时,为了不让米粒碰到鱼缸,爸爸妈妈都把鱼缸放在书架上。但是,作为林家的一员,聪明的小米粒有她独特的一套造梯方法。她把大积木块儿都堆起来,再把较小一点的积木放在大积木上面,连续堆好几层后做成积木梯子,然后扶着书柜爬上去,这样她就能把积木块扔进鱼缸里了。这一扔正好吓得金鱼落荒而逃。看到这,米粒兴奋不已。

琳琳赶紧走过去把妹妹抱下来,叫她去别的地方玩。

"可怜的小金鱼。"琳琳叹了口气,说着把积木块从鱼缸里捞出来,并喃喃自语:"至少还能游吧。"

小杰突然想起厨房里的爆米花,此时已经听不到噼里啪啦的声音了。小杰一个箭步冲进厨房,将锅从厨房灶台上端起来,眼看就要烧焦了。"幸好抢救及时,否则全泡汤了!"然后他麻利地把锅里的爆米花倒进一个大碗里,抹了一层蜂蜜,又抽了几张纸巾,跟跟跄跄地抱着所有的东西来到客厅与大家分享。米粒第一个跑到小杰身边,问哥哥要爆米花吃。林爸爸在旁边帮她收拾乱摊子,把积木梯子一层层拿下来放进积木盒里。

林妈妈皱着眉头说:"我希望我们能想想办法改善她对待小宠物的方式。"

琳琳看着年幼的妹妹,觉得可爱又苦恼,说道:"可不是嘛。米粒宝贝,你可不可以放过家里的小动物,不要抓金鱼,不要扯毛毛的尾巴、揪它的耳朵呢?"

米粒可毫不理会。只见她肉乎乎的小手抓着一大把爆米花塞进嘴巴,就像在挑战吉尼斯世界纪录一样——一个三岁半的娃娃究竟一口可以吃掉多少爆米花!

"啊,我有一个速战速决的方法。"林爸爸暗示,并瞥向一旁正在忧虑的妻子和孩子,"把狗和鱼都送走,问题迎刃而解。"

"爸爸!"小杰和琳琳齐声抗议。

林妈妈是站在孩子们这一边的,她对林爸爸说:"孩子他爸,这个方法可不行哦。我觉得需要教会小米粒学会尊重和爱护小动物,这将是她人生中的重要一课。"

"我同意你所说的。但你也看到了,我们有一半的时间都在警告米粒不要

第六章　米粒与她的小狗和小鱼

爱的合约

给家长和孩子的一本行为合约

第六章　米粒与她的小狗和小鱼

再伤害小动物了,结果并没有用。我们越是大喊大叫,她越是乐此不疲。真拿她没辙!""我有办法!"小杰兴奋地喊了出来。大家停止讨论,齐刷刷地看向他,甚至连米粒也停下了抓爆米花的小手,看着哥哥。"让我们给米粒和毛毛以及小鱼儿之间签个合约吧!"小杰充满信心地看向大家。

　　琳琳忍不住笑了出来:"小杰,你也太异想天开了吧,别忘了合约可是一份手写的同意书哦。妹妹只有三岁半,都不识字,怎么能理解合约呢?"

　　"但谁说合约非得是文字呢?"小杰不甘心地反问。

　　"那不然呢?"每个人都惊讶地看着格外自信的小杰。

　　小杰继续说:"我们用图片呀!剪下图片贴上去,并在合约上画画表示任务和奖励。然后解释给她听这代表什么意思,最后贴在鱼缸外面提醒她。"

　　"咦?!这个主意不错!"

　　米粒似乎听到大家在讨论她,她含含糊糊地说:"米粒也要合约!"嘴巴还不忘吧唧吧唧地嚼爆米花。大家被可爱的妹妹逗笑了,爸爸和妈妈同意了小杰的提议。林妈妈拿着手机对着金鱼缸和小狗毛毛拍照,手机连接家里的无线打印机,彩色图片随即被打印了出来。小杰跑去卧室拿剪刀、彩笔和纸,动手剪下小狗和小鱼的图片,随后把它们贴在了空白合约的一侧。它代表了合约的任务项。

林爸爸看着图片说:"儿子,看起来真不错!这些图片可以帮助米粒记住她应该与毛毛愉快地玩耍,也不要再惹小金鱼了。这是咱们米粒宝贝的专属合约!现在还剩合约的右边——奖励。我们该给米粒奖励什么呢?"林爸爸问大家。

还未等大家思考就有了答案——米粒爬到书柜前,指着一本故事书说:"姐姐,米粒想听故事,讲故事。"

大家相视一笑,瞬间明白了该给米粒什么奖励。她最喜欢的事情之一就是有人给她讲故事。琳琳立刻拿出手机对着书架上的故事书照了个相。同样地,通过无线打印机把图片打印了出来并剪下,最后贴在了合约的右边。小杰在合约上盖上了家庭印章。现在合约正式生效啦!

小杰对妹妹说:"米粒,你也有合约了哦!"妹妹紧紧地抓住合约,笑得很是开心。林妈妈拉着米粒的小手指着合约上的图片,一字一句地把合约的规矩讲给米粒听:"如果米粒可以好好地跟毛毛玩耍——不打它,也不揪它的耳朵或者尾巴,并且乖乖地看金鱼而不是用手碰,那么琳琳姐姐或者小杰哥哥会给米粒讲睡前故事。米粒要记住,从回到家的那刻起,直到睡觉前,都要友好地对待小动物哦。"

"妈妈、妈妈,米粒喜欢这个。"米粒瞪着圆圆的眼睛跟大家说,"米粒要乖乖地对小狗和小鱼。"

琳琳、小杰和爸爸妈妈都在合约底下签了名。小杰把合约递给小米粒,因为她还不会写字,所以用小手在合约上画了一个圈代表了她的签名,看起来滑稽又可爱。

"看,米粒也有合约咯!"

"米粒合约!米粒合约!"米粒开心地蹦蹦跳跳。

随后,小杰帮米粒把合约贴在了金鱼缸上,来提醒她要友好地对待小动物。

* * *

第二天,小米粒从幼儿园回来,径直地爬向鱼缸。看到此情此景,林妈妈不由地屏住了呼吸。但小米粒只是盯着鱼缸上的红色合约说:"米粒合约!"

林妈妈长舒了一口气。米粒记得她的合约呢。她认真地玩着她的积木,直到晚餐时间都没有再靠近鱼缸。

吃完晚餐,米粒坐在金鱼缸旁。她盯着三只黄灿灿的小金鱼在清澈的水里游来游去。她很乖,胖胖的小手放在蜷缩的膝盖上。她突发奇想,都已经离鱼缸这么近了,如果把小手放进鱼缸,家里其他人会有什么反应呢?嗯……没有人发现。所以她又探着脑袋靠近鱼缸……近到鼻子都要贴到鱼缸了。不过大家还是没有关注到她,什么都没有发生。她又等了会儿。然

爱的合约
给家长和孩子的一本行为合约

后,她一抬手,一只手猛地伸进了鱼缸,顿时水花四溅!

"不,米粒!"大家惊慌失措,跑过去一把将米粒抱起。米粒成功地得到了大家的关注,爸爸妈妈连忙冲过来把鱼缸又放到书柜上。

"我就说她今天乖得让人难以置信,"林妈妈继续说,"我还真以为有效呢。"

"可不是嘛,"林爸爸说,"我猜琳琳是对的。米粒太小了,她很难理解合约。还是算了吧。我看明天最好还是把金鱼送回宠物店。"

"不不不,等等,"琳琳哀求道,"我觉得小米粒是懂这个合约的。不懂合约的是我们。"

"这是什么意思?"小杰问。

"看,合约是一种协议,当你做了某件事的时候,就会有好事发生,你会得到奖励。这促使我们再接再厉,对不对?"

一家人点头赞同。

"你们看,小米粒已经做到她该做的了。她已经有两个小时没有打扰小鱼和毛毛,但没有得到任何奖励。相反,我们还忽视她好的表现。等等,我离开一下马上回来。"琳琳说完就一溜烟地跑去卧室。

小杰朝着姐姐琳琳离去的背影大声地说:"本来就不该给奖励呀。合约上写了小米粒只有整个晚上都不捉弄所有的小动物,我们才可以讲故事给她听。"

爱的合约
给家长和孩子的一本行为合约

第六章　米粒与她的小狗和小鱼

琳琳回来，手上拿着老师给她的书跟大家解释说："小杰，这就是我们的问题。"

林妈妈恍然大悟："不必多说啦，琳琳。我猜到你要说什么了。我早该想到的。一整晚对一个三岁半孩子来说太长了，对她也许像三年半。而且，米粒在这之前都表现得很好，但是我们都忽视了她的行为。"

小杰点点头说："她唯一能得到大家的关注的时候是把手伸向鱼缸时。"

"现在你们明白我的意思了。"琳琳继续说，"我觉得我们跟小米粒之间的合约会有用的。我们可能需要将时间划分成几个小块。看看书里怎么说。"

琳琳给爸妈和弟弟看合约书上的内容。书上提到了任务的数量以及对等的奖励。

"书上说得在理，琳琳。"林爸爸不禁感叹这本书的详细参考步骤，"如果工作或者任务太重了，奖励就需要给得勤快点儿。对小米粒来说，整个晚上不打扰小动物确实挺难的。如果她做到了，我们需要立刻奖励她才对。就像小杰完成了任务，我会在任务记录表里做标记一样。每一个标记就像一个小奖励。当他一连得到了五个标记，就会获得周六的专属时间。"

"但是我们总不能每隔五分钟或者十分钟给她讲一个故事吧。大家都没有那么多时间哦！"小杰说。

爱的合约
给家长和孩子的一本行为合约

第六章　米粒与她的小狗和小鱼

"对!"琳琳赞同小杰的说法,"那我们可以把合约改成,如果她表现好的话,她能在晚饭后和睡觉前有两次听故事的机会。这样划分时间,她就可以长时间地友好对待毛毛和金鱼啦。"

"即便是一个小时,对小米粒来说已经很长了。"琳琳说,"我们都留意到了米粒她一直试探着靠近鱼缸想引起我们的注意,但我们都选择了忽视她,她才去搞破坏的。"

林爸爸肯定地说:"你说得对。如果她是为了吸引我们的注意力才捣蛋的,那我们就需要在她表现好的时候给她关注。让我们试一试吧!"

琳琳大声总结发言:"我们可以这样,从现在开始,当我们看到米粒没有捉弄小动物时,我们要跟她说她很乖、她长大了、为她感到骄傲!当她友好地跟毛毛玩耍的时候,我们也要这样做。每个人不都喜欢被人赞美吗?"

小杰斩钉截铁地说:"只要我们四个人同心协力,米粒就一定可以做到的。"

不出所料,第二天晚上,米粒做到了合约上的内容。甚至在这之后的每一个晚上,她都做到了。

第七章
爸爸妈妈，轮到你们啦！

  这天，全家人围坐在餐桌前进行每周一次的家庭会议。会议总结和讨论了合约的实施情况，以及可能会遇到的问题。林妈妈首先发言。

  "你们知道吗？几周前，谁知道咱们家里可以变得像现在这样其乐融融呢。不仅大家都完成了自己的合约任务，更重要的是我们都学会了包容和关爱对方。就像你，小杰，你的房间一直都保持得那么整洁，而且爸爸下午补觉时，你也保持了安静。"

  林爸爸朝着小杰眨了下眼睛。父子之间的爱护和支持心照不宣。

  "当然啦，我们在这个过程中还是有过那么一两次的争论。但是大部分时候我们都积极地解决了。"林妈妈补充说。

  林爸爸说："甚至米粒都学会了跟小动物和谐相处啦！当米粒靠近鱼缸时，金鱼们也都不再躲在水草后面咯！"

  琳琳想了想说："可能以前问题主要出在我们遇到问题时都习惯向对方大喊大叫，而不是认真倾听对方的想法。"

合 约

任 务

名字： 爸爸和妈妈

事件： 不对孩子们唠叨

时间： 每天

做到程度： 爸爸和妈妈在连续7天内唠叨不超过2次。唠叨包括催促小杰和琳琳完成合约。

签名： 琳琳 小杰

签名： 爸爸 妈妈

奖 励

名字： 琳琳和小杰

事件： 姐弟俩做晚餐并照顾妹妹米粒

时间： 爸爸和妈妈所选择的合约兑现日当晚

做到程度： 小杰和琳琳会做晚餐并收拾干净，然后照顾小米粒。爸爸妈妈可以外出享受二人世界。

日期： 4月22日

日期： 4月22日

★ ★ 任务记录 ★ ★

	周一	周二	周三	周四	周五	周六	周日	周一	周二	周三	周四	周五	周六	周日	周一
唠叨次数	0	0	2	1	0	2	0	0	0	1	0	0	0		
维持天数	1	2	3	4	5	哎呀！没有奖励了	1	2	3	4	5	6	7			

第七章　爸爸妈妈，轮到你们啦！

林爸爸和林妈妈互相点点头。

琳琳说："我和小杰有些小困扰，尽管听起来有点好笑，但我还是想提出来。"

林爸爸问："什么困扰？"

"看，你和妈妈经常要求我们根据合约做事情。小杰和我都认真地完成了合约任务，且大部分时间都不需要提醒。不过呢，你们还是照样唠叨我们，我们也很苦恼。嗯……我想说的是，我和小杰也想跟你们俩制订合约。"

"跟我们？！"林爸爸和林妈妈惊讶地问。

"是的，公平一点地讲，爸爸妈妈也需要为这个家变得更好而做些改变。我们也会想想有什么特别的奖励能使你们的合约有效运转起来。这个主意怎么样？"

"孩子他爸，她说得很在理！"林妈妈诚恳地说，"你们知道吗？我们并不是故意唠叨你们，我们只是习惯了，因为以前你们老是需要提醒。"

"所以跟你们制订合约是可以的咯？"琳琳跃跃欲试地问。

"是的，为什么不呢？这个想法很好啊。"林爸爸很支持孩子们。

"我去拿一张空合约表。"小杰不到一分钟就回来了，手上拿着从书上撕下的空白合约表。大家都一致认为爸爸和妈妈将合约写在同一张合约表上会更好。

爱的合约
给家长和孩子的一本行为合约

第七章 爸爸妈妈,轮到你们啦!

琳琳接过弟弟小杰手上的合约表,然后开始落笔。她在任务一栏中写上了"爸爸和妈妈",具体任务是"不对孩子们唠叨",而且她还列举了哪些事情将被认定是唠叨的行为。琳琳和小杰会记下爸爸妈妈每天唠叨的次数。但是,由于爸妈以前经常性地唠叨,两个孩子人性化地指出,如果从一开始就期望爸妈停止唠叨也有些不切实际。

"我们将给你们一周2次的机会唠叨。如果你们可以连续7天不超过2次唠叨,你们将获得专属大奖。这样公平吗?"小杰说。

林爸爸点头赞同,觉得这听起来合情合理。写完了任务项,还差合约的另一边——奖励项了。

林爸爸问:"我们能得到什么奖励?"

琳琳得意地说:"已经为你们想好啦。你们可以放假,不需要操心家里的事。你们可以去看电影、打保龄球,或者做其他任何想做的事情。具体来说,我们会为大家做晚餐并做好善后工作,照顾妹妹小米粒以及家里的宠物。"

"孩子们,你们太棒了!在哪儿签名?"林爸爸和林妈妈听完后迫不及待地问。

大家依次在合约上签了名。小杰把合约贴到了冰箱门上,爸妈只需要看合约上的任务记录栏,就可以知道已经对孩子们唠叨了多少次。

爱的合约
给家长和孩子的一本行为合约

＊＊＊

  两周后的一天，小杰和琳琳正在做晚餐。小杰努力地削土豆皮，切土豆片。小杰不禁感慨："爸妈真的说话算话呢，你说是不，姐？"

  "对呀。当他们真的决定去做的时候，真的做得很棒呢。我身边很多朋友的家长有可能觉得这件事很离谱，但我们的爸妈却愿意尝试。尽管刚开始的那几天他们像以前一样对我们唠叨，我还以为他们很难做到呢！"

  小杰使劲地点点头说道："我也觉得！当他们看到我们在合约上做的标记时，他们意识到了自己的问题，并努力在改变。尽管花了两周的时间，但是他们做到了。最近感觉棒极了，姐姐，你说对不对？"

  姐弟俩感到满满的成就感。最棒的是林爸爸和林妈妈已经让儿女们自主掌控合约了。现在父母只需要检查一下孩子们什么时候完成了任务，随后孩子们就能得到奖励。这让孩子们觉得自己一下子长大了，像个独立的大人了。对小杰来说，他也慢慢发现了做家务活的乐趣，他喜欢上了做饭。

  "我从未想过像现在这样。尽管做菜看起来有很多程序，但让我觉得自己像一个魔法师，把各种'秘密药剂'快速混合在一起，嗖的一下！变变变！食物做好了！可以开吃了。"

  姐姐打趣地说："小杰，可不像你说得这么简单哦。做菜还是需要花很多

第七章 爸爸妈妈，轮到你们啦！

时间学习呢。"

"姐姐,你可以教我吗?"

"等我什么时候有空吧。"

月亮逐渐爬上了树梢头,月光照亮了窗户里两个忙碌的身影。

第八章
怎样学好数学呢？

这一天，林妈妈在林爸爸和琳琳的帮助下做好了晚餐。琳琳开始动手摆盘了，她环顾一圈都找不着弟弟。"我都有一个小时没见着小杰的人影了。"她边说着边给五个杯子倒上了果汁。

"你别说，我也是没见着他呢。"林妈妈补充道。

一到晚餐时间，小杰可是家里的积极分子。"他经常是第一个跑来餐桌的人。"林妈妈说着从烤箱里端出香气四溢的烤肉，走向餐厅。这总能把他吸引出来了吧，林妈妈想，不时地朝小杰的房间望去。

林爸爸又将另一盘菜放在餐桌上，他擦了擦手，决定去叫小杰。林爸爸猜测道："也许他在画画忘记了时间。"

爸爸推开门，看到小杰坐在床边。小杰并不是在画画，他看起来无精打采。

"儿子，晚饭快好了哦，洗手去吃饭吧！"爸爸试探地说。但是小杰仍然动也不动，只目不转睛地盯着天花板。林爸爸走向小杰，在他身边坐下来，

爱的合约
给家长和孩子的一本行为合约

伸出一只手臂搭着儿子的肩膀。"小杰,你是不是有什么烦心事,想跟爸爸说说吗?"

小杰嘟囔着说:"唉,还不是老问题,数学又考砸了。我老是学不好这门课!"小杰闷闷不乐地低着头。林爸爸早该想到,今天应该是出成绩的日子。小杰的其他科目一向都考得还不错,但数学是小杰的短板。

"爸爸,我实在无法理解。为啥数学老是跟我过不去。"小杰有些气急败坏。

"儿子,我和你妈对你的学习都挺满意的。尽管数学拿了低分,但你在许多方面都表现得很好啊,我们觉得要提高这门课的成绩应该问题不大。"

"老爸,我想做得更好。皮皮数学考了90多分,而且他看起来学数学似乎毫不费力。"

"也许……数学对皮皮来说很容易,就像画画对你来说很容易一样啊……"

"爸爸,"小杰打断了他的话,眼睛突然放光,"您觉得合约对提高数学成绩会有用吗?"

林爸爸说:"嗯,咱们一起制订的那些合约,在解决问题上的成效已经显而易见了。如果你想用合约来提高数学成绩的话,我愿意试一试。我们先去吃晚饭，然后让全家人一起来听听这个想法如何？"

吃完饭，当小杰提到行为合约这个想法时，琳琳首先发言："但是，小杰，合约是两个或者两个以上的人制订的。自己跟自己怎么签订合约呢？"

小杰好像被泼了冷水一般，他低着头说："姐姐，你说得对。还是算了吧，我看我还是努力下次考好点。"

可是林妈妈却不以为然，她急忙打断："等等，我有一个想法也许可行。制订数学合约是你想做的，这是你想要达到的一个目标，对吗？"

"是的，妈妈，我想做得更好，想拿到一个好成绩。"

"你可以跟自己签合约！"妈妈继续说，"爸爸和我将会监督你。这样更有可能帮助你实现这个目标。"

"但是我该如何写合约呢？我怎样才能考得更好呢？"

林爸爸说："只有你自己知道答案。只说不做可能行不通，学好一门功课需要加倍地努力学习。"

"我有学习数学呀，但还是没用啊。"

"你看看，你总是说要去学习，但你问问自己究竟真正地花了多少时间在学习数学上？你总是先学完自己喜欢的科目，然后你就看电视了，好像都没有花时间学习数学。"

爱的合约

给家长和孩子的一本行为合约

合 约

任 务	奖 励
名字: 小杰	名字: 小杰
事件: 学数学	事件: 看电视
时间: 每天放学回家的晚上	时间: 完成作业后
做到程度: 在看电视之前复习数学。爸爸和妈妈将为我记时一个小时。	做到程度: 只要完成,在睡觉之前想看多久的电视都行。
➤签名: 林小杰	日期: 5月12日
➤签名: 爸爸 妈妈	日期: 5月12日

* * * 任务记录 * * *

第八章 怎样学好数学呢？

"可是我喜欢看电视啊，妈妈。"

"就是这个！"琳琳突然喊。

"什么？"大家异口同声地问。

"小杰的数学合约呀，就是这个。"琳琳笑着说，"如果他想每天晚上看电视，就需要花一部分时间学习数学。就这么简单，对不对？"

"对呀，确实就是这么简单，但我就没得玩了。"小杰恍然大悟后轻声嘟囔。小杰扫视了一圈桌子上的人，大家都齐刷刷地看着他。甚至连小米粒都瞪着圆溜溜的大眼睛看着他。

林爸爸说："可是，小杰啊，你是那个想要考高分的人。所以呢，牺牲一点玩的时间，为了……"

还没等爸爸说完，小杰立刻举手赞成。他也意识到了爸爸说得对，自己平时的确说得多做得少。小杰这次下定了决心，要努力将数学考到 90 分，他迫不及待地想要跟爸爸妈妈一起制订合约。

全家人坐在餐桌旁一起讨论合约，大家达成了一致的意见，周一到周五小杰需要先花一个小时复习完数学后才可以看电视。林爸爸和林妈妈也认真地参与进来，每晚给他计时，帮助他完成合约。大家都在各自的任务栏和奖励栏签了字。就这样，小杰与自己的合约签订好了。小杰迫不及待地想要立

合 约

任务		奖励	
名字：	小杰	名字：	小杰
事件：	数学考到85	事件：	特别大奖
时间：	下次成绩单	时间：	在完成这次合约后
做到程度：	小杰至少考到85	做到程度：	下次在数学考试中考到85有特别大奖
▷签名：	林小杰	日期：	5月12日
▷签名：	爸爸 妈妈	日期：	5月12日

任 务 记 录

刻开始履行合约,他离开了餐桌跑向卧室。他喜欢的电视节目一个小时后就要开始了。

"儿子,等下!"林爸爸叫住了他。

小杰刹住脚,停下来走回餐厅。

"刚刚我和你妈妈商量了一下,为了提高成绩,你愿意放弃自己喜欢的娱乐活动。不是所有的孩子都能这样下定决心,严格自律。我们为你感到骄傲。但是,我们还有一些建议。"林爸爸说。

"这份合约是帮助你提高成绩的。我们当然希望它最终是有成效的,不过我们觉得先设定一个你能达到的目标就已经很好了。小杰,因为在数学这门课上你经常拿的是七八十分。因此,我们的最初目标是希望你能拿到 85 分就可以了,然后我们再向 90 分努力。"林爸爸继续说。

"而完成这项大工程需要两份合约。"林妈妈补充说。

只见林爸爸拿出一份新合约,然后开始写:"如果小杰考到 85 分以上,将有一份特别大奖。"

"哇,太惊喜了!快告诉我是什么!"

"这可不行,如果告诉你,那就不叫惊喜了。"林妈妈说,"但如果你能赢得奖励,我们保证你会喜欢的。"

爱的合约

给家长和孩子的一本行为合约

第八章 怎样学好数学呢？

* * *

　　在随后的两周内，小杰非常努力地去执行合约。有一天晚上，他有点恼怒爸妈不让他看自己喜欢的节目。他只学了半小时，所以爸妈只允许他看半小时节目，他就不得不停下来再复习半小时的数学。

　　刚开始他并不明白为什么爸爸妈妈变得这么严厉，尽管他说了自己会在节目结束后去学习。但是他们一定要他严格执行合约。除此之外，爸爸妈妈还建议他可以提前去画画，这样就能为完成数学作业留有充足的时间，然后就可以去看电视了。

　　但是小杰事后回想，他有些理解爸妈的苦心了：他们要监督他完成合约。因为自己一旦找了借口——看了电视再写作业，合约就失效了。他能预料到自己可能很快又会回归到从前自由散漫的状态了。

　　尽管小杰每天都遵守合约，但是合约对他还是没有发挥作用。一天放学后，他拿数学成绩单给爸妈看，成绩单上赫然写着他一贯的成绩"77 分"。小杰既失落又迷茫，他觉得自己已经很努力了，可是分数依然没有提高。

　　林妈妈轻声地提出建议："也许老师可以帮助你。"

　　小杰眉头紧锁："我已经跟老师说过了。他觉得我的数学成绩要提高到 85 分还需要下大功夫，可是我已经竭尽所能了呀。我觉得这是在浪费时间，因

爱的合约
给家长和孩子的一本行为合约

合 约

任务		奖励	
名字：	小杰	名字：	小杰
事件：	放学回家后每晚攻破数学难题	事件：	看电视
时间：	吃完晚餐	时间：	每晚完成学校作业后看电视
做到程度：	小杰需要攻破15道数学难题。这些题目跟在学校里遇到的题型差不多。爸爸和妈妈会辅导小杰一起攻破这些难点。	做到程度：	只要完成，在睡觉之前想看多久的电视都行。
>签名：	林小杰	日期：	5月26日
>签名：	爸爸 妈妈	日期：	5月26日

任务记录

第八章　怎样学好数学呢？

为在数学这门课上我就是不行。"

林妈妈迫不及待地说："我们可不这么认为哦。我和你爸可能也没有尽自己所能地帮助你。我们都认为把你送进房间学习一个小时，你的成绩就能提高了。这部分合约看来是有效的，因为你每天晚上都花了一个小时做数学题。但数量不等于质量。我们都希望你能提高数学成绩，要不我们试试另一种方法。再写一份合约，怎么样？"

"当然可以啊！离期末考试还有三个多星期，为了拿到我的终极大奖，我愿意再试一试！那么，新的合约的内容是什么呢？"

"这样，每次吃完晚餐，爸爸和我都给你出15道数学题目。这些题目和你在学校遇到的题型差不多，主攻题型的重点和难点。如果你全部答对了，才可以看电视或做其他你想做的事情。别担心，我们会辅导你攻破这些重点和难点的。"

小杰很喜欢这个提议。在爸爸妈妈的帮助下，小杰的合约被进一步细化。以解决问题为导向，时间并非成功执行合约的决定性因素，真正能理解和解决数学难题才是最终目的。

林爸爸进一步补充说明："有时候你可能要花费比一个小时更长的时间解题，当然啦，也可能更短。无论如何，我们要保证你能真正地解答并理解清

爱的合约

给家长和孩子的一本行为合约

第八章 怎样学好数学呢？

楚这 15 道题。"

小杰很清楚他每天晚上需要做什么——解答这些数学难题，完成后看电视。这个做法当然比以前每天做白日梦、计算怎么度过这漫长的一个小时要好得多。

夜已深，伴着窗外的蝉鸣声，小杰进入了甜美的梦乡。在梦里，他好像看到了自己的终极大奖。

第九章
今晚吃什么？

放学回家路上的时光一直都是小杰最享受的。路过商店，他总会忍不住向内张望。面包店的橱窗里堆满了面包卷、蛋糕和刚出炉的饼干，它们看起来新鲜而松脆；食品店里摆出了刚出炉的烤鸡，馋得人直吞口水；超市橱窗里展示着水果和蔬菜，美味而多汁。不过，要说最让他眼馋的，还是玩具店里陈列的玩具和模型。

出乎意料的是，今天，小杰竟片刻也未停留就径直地跑回了家。他知道成绩单已经被老师寄到了家里，因为前段时间更换了新合约，加上自己也一直很努力，他此时迫不及待地想知道这次的数学成绩是否真的提高了。更重要的是，小杰很想知道如果他拿到了 85 分，他能获得什么终极大奖。说不准吃完晚饭，爸爸和妈妈就会在家庭会议上揭晓呢！

还未走进家门，小杰就隐约听到了音乐声，姐姐琳琳一边做饭，一边跟着音乐哼着调。琳琳看到弟弟小杰走进了家门。

"姐，晚上吃什么？"

"小炒肉、烤土豆和炒蔬菜。"

爱的合约
给家长和孩子的一本行为合约

第九章 今晚吃什么？

"听得我都馋了。我也想试试做菜，需要我帮忙吗？"

"谢谢你啦小杰，但是教你可能比我自己做需要花更长的时间。而且，我想赶紧吃完回房间，因为我等会儿还有一个大工程要忙。"

"什么大工程啊？"

"我房间的家具看起来又旧又破，所以我打算重新粉刷一下。我从学校图书馆借到了家具整修手册，然后拿我的零花钱买了一些磨砂纸和油漆。要完成这项工程可得花我不少时间，所以我得抓紧时间呢。"

"姐，我有一个主意！"

"从你闪烁的眼神我似乎察觉到了你又在打什么歪主意呢。"琳琳打趣地说。

"不愧是我的亲姐姐！对了，你有没有想过其实我们之间也可以制订合约，咱俩为什么不试一试呢？！"

"我们想到了一块儿。嗯，对呀！为什么不呢？咱们这样吧，我教你做菜，而你每晚花一个半小时帮我粉刷家具。这样子是不是两全其美呢？"

"那你可以让我试做你知道的所有菜式，并且耐心地解释菜谱和食物的做法吗？"

"当然！"

合约

任务		奖励	
名字：	琳琳	名字：	小杰
事件：	小杰学习烹饪	事件：	帮琳琳粉刷家具
时间：	每当琳琳烹饪的时候	时间：	小杰学完烹饪之后
做到程度：	让小杰试做所有菜式，琳琳要耐心解释菜谱和食物的份量等事情。	做到程度：	小杰当晚要花一个半小时帮琳琳粉刷家具。
➢ 签名：	林琳	日期：	6月16日
➢ 签名：	林小杰	日期：	6月16日

任务记录

第九章 今晚吃什么？

"成交！"

姐弟俩握手示意。小杰对姐姐说："我去拿一张合约，然后咱俩签约咯！"

* * *

"家庭会议现在开始！"大家用完晚餐，林妈妈宣布。

小杰紧张地暗自心想："应该用不了多久就会公布我的成绩了吧。"

"过去的几周里，大家的改变有目共睹，我和妈妈也觉得很满意。"林爸爸首先发言。所有人都认真地倾听，连小米粒也听得津津有味。林爸爸继续说："琳琳一直以来就像时钟一样准时做家务，小杰的房间也一直保持着干净整洁。我现在在想你俩还有没有必要继续执行这两份合约。当然，我们还是希望你们继续保持，而且仍然可以赢得最终的奖励。同时，你们通过实际行动向我们证明了你们的诚实可信，因此我们会降低监督的频率，只是偶尔进行检查，目的也只是保证一切如期进行。"

"谢谢老爸！"小杰和琳琳异口同声地说，随后相视一笑。

林爸爸点点头，继续说："到目前为止，小米粒的合约也进行得很好，但因为她年纪小容易忘，我认为她的合约还有必要再维持一段时间。"

"爸爸妈妈！我的数学作业合约怎么样啦？成绩单寄到了吗？"小杰迫不及待地问，他实在是憋不住了。

爱的合约
给家长和孩子的一本行为合约

第九章 今晚吃什么?

"寄到了,我的宝贝!自己打开看看。"

小杰小心翼翼地打开成绩单,看到了数学的分数。

"我拿到了 86 分!万岁!"

"太棒了,弟弟!祝贺你!"琳琳说。

懵懵懂懂的米粒似乎也被家人的喜悦感染了,不停地拍手表示祝贺。

"小杰,妈妈和我都为你感到骄傲。我猜你现在一定很好奇我们为你准备的终极大奖是什么。不过呢,等到明天再揭晓可以吗?你为什么不邀请你的好朋友皮皮周末来我们家玩呢?等他一起来为你揭晓大奖吧!"

"好啊!"小杰兴奋地说。他越听越激动。

* * *

周六中午是小杰和爸爸约好的奖励时间。皮皮背着书包来到了小杰家里。书包里装着上回玩过的平板电脑。林爸爸对皮皮说:"皮皮,叔叔这次可以和你们一起玩游戏吗?"

听到这,小杰有一点点失望,爸爸昨晚明明说等皮皮到了就宣布自己的终极大奖。虽然小杰也很喜欢和爸爸一起玩,但他并不觉得这算什么惊喜。

小杰嘟着嘴巴走向皮皮。皮皮从书包里拿出了平板电脑。

"哎,等等,我好像落了什么东西在我卧室的桌子上。儿子,你可以帮我

爱的合约
给家长和孩子的一本行为合约

第九章　今晚吃什么？

去拿一下吗？"林爸爸说。说完，他用手指了指房间。

跟着父亲的指引，小杰垂头丧气地朝房间走去。一起玩游戏而已，他老人家能落了什么呀？！小杰走进爸爸的卧室，书桌上有一个打开的盒子，里面放了一个平板电脑。等他回过神来，才意识到爸爸和皮皮已经站在他身后了。

"咳咳，跟我的一模一样哦！你老爸甚至打电话问我老爸从哪里买的哦。"皮皮得意地说。

"喜欢吗？"爸爸问儿子。

"哇！喜欢得不得了！这就是我想要的，谢谢老爸！"

小杰小心翼翼地从盒子里拿出了他的平板电脑，他觉得这是自己人生中最开心的一天了。

第十章 合约工具包开箱,一起来 DIY 吧!

亲爱的小朋友和家长朋友们,小杰一家人的故事讲完了。你们想知道如何制订行为合约吗?在这里,我们将和大家分享一套完整的居家合约工具包。这套工具包就和琳琳借的那本书里的一样。那一份工具包为小杰一家带来了积极而显著的改变,我们希望这一份也能够帮助你的家庭。工具包具体包括以下几个方面:

1. 召开一次家庭会议,迈出制订合约的第一步;
2. 选择目标任务;
3. 选择奖励;
4. 遵守合约规则并执行。

我们建议最好是全家一起阅读这一章的全部内容,从第一步——召开家庭会议开始。

温馨提示:即使你已经开始使用行为合约了,如果遇到困难,也可以随时返回查看。如果得到的结果并不让你满意,就动手修改合约吧!现在我们将向大家介绍本书中使用的行为合约的规则,这将帮助你发现合约制订的疏漏，以及修补的方法。

在开始之前，还有最后一句话：万事开头难。只要刚开始的时候努力克服困难，后面将会变得越来越容易。

一、召开家庭会议

召开饭后家庭会议是一个好方法。第一次家庭会议尤其重要，所以有必要预留 1～2 个小时。如果在首次家庭会议中没有讨论完工具包所说的全部内容，别急！可以顺延到下次，把剩下的部分再拎出来继续讨论。

有两种家庭会议的风格可供读者朋友们参考。第一种就像林小杰家一样，非正式地谈论每一个人存在的问题。如果选择这种方式，要确保每人都有 3～5 分钟的时间各抒己见，在抒发观点的时候不要打断别人。给每人一张纸和笔做记录。在谈论事或人的时候尽可能具体化，就事论事，对事不对人。下面有一些例子，希望能给你一些启发。

恰当的表达方式	不恰当的表达方式
马莎放学回到家，脱了大衣就直接扔在地板上	马莎好懒
科科帮忙收拾了生活杂物，随后清理了垃圾	科科很乖
小兰没有给花浇水	小兰很不听话
爸爸不让我用他的手机	爸爸真小气
我把垃圾掉落在地板和楼梯上	我太不小心了
涵涵自己穿衣服	涵涵长大了

谨记：准确地写下希望对方做和不要做的事情，尽量具体！

第十章 合约工具包开箱，一起来DIY吧！

以下是家庭中经常会遇到的一些任务，希望对大家有借鉴意义。

家庭合约任务举例	
倾听家长要求	喂宠物、给宠物洗澡、遛宠物
尝试做新菜	去超市购物
自己穿衣服	控制和朋友聊电话的时长
洗手	倒垃圾
洗碗	扫雪
打扫房间	安全驾车
跑腿	做运动
吸尘	独自玩耍
修理家具	主动做事
洗车	擦鞋
照顾弟弟/妹妹	辅导弟弟/妹妹做功课
刷牙	收拾玩具
清理地板	练习乐器
清洗家具	擦窗户
做家庭作业	存零花钱
清理储物室	与弟弟/妹妹分享玩具
饭前准备餐具	修自行车
洗衣服	适当的餐桌礼仪
为家人准备早餐	把衣服挂在衣架上

续表

家庭合约任务举例	
整理床铺	熨衣服
清洁冰箱	清理厨房
整理衣柜里换季的衣服	回收报纸
回收塑料瓶	浇花
叠衣服	准备晚餐

当每个人讲完,花几分钟讨论并记下完成任务后可能得到的奖励。每个人都应该列举几种活动、特权和最喜欢的东西。

下面列举了一些经常使用的奖励,仅供参考。

家庭合约奖励举例	
墙面挂饰	晚睡一次
新衣服	玩弹球
美食	旅游
钓鱼装备	科学工具箱
赞美	艺术课、舞蹈课等
糖果	玩具车
品尝特别的食物	掷球游戏
看电视	零花钱
在外留宿一个晚上	去图书馆
去动物园、公园和博物馆	彩绘本

续表

家庭合约奖励举例	
野餐	芭比娃娃
看电影	工艺美术用品包
游乐园	玩拼图
自由活动	宠物
邀请朋友在家过夜	相机
派对	游泳、滑雪等
邀请朋友去旅游	书籍
对方为你读故事书	平板电脑
与父母独处的特别时光	玩飞镖、象棋、跳棋、纸牌、拼字游戏等
绘画材料	野营
骑马	徒步
运动装备	订阅杂志
出去吃一顿	电话聊天
在家里能自己决定去做一件事	体育赛事、游乐场的门票
自行车	积木玩具
兴趣班	收集邮票、硬币和有趣的石头

另一种举办家庭会议的方式是让家庭成员填表。首先,从这本工具书的附录中撕下空白的表格(表A)分发给每人填写。尽可能详细具体地用心填写。在表格的左边写上有助于家庭的事情,表格的右边写下有助于家庭和自己

爱的合约
给家长和孩子的一本行为合约

的事情。这可以帮助我们发现要做但最近未做到的事情，或是从未做到，不过为了家庭或者自己，想要做到的事情。

当大家完成表 A 后，再分发给每位家庭成员表 B。表 B 的目的是了解他人眼中的自己应该做什么事情。在该表的三处空格处填写完对应的名字后，大家可以在桌子上缓慢地相互传递、查阅。要给每位家庭成员补充填写表格的机会，而且至少要列举一项。记住：除了自己，每个人都要写。以下为表 A、表 B 的参考示例。

表 A 示例（来自 14 岁的珍珍）

表 A	名字：___珍珍___
有助于家庭的事情	有助于家庭和自己的其他事情
1. 喂宠物狗食物和水	1. 按时吃晚餐
2. 清理我的房间	2. 离开房间时关灯
3. 练钢琴	3. 客厅除尘
4. 洗碗	4. 清理后院
5. 帮助爸爸洗衣服	5. 放学回到家后把大衣挂在衣架上
6.	6.
7.	7.

表 A 示例（来自珍珍的妈妈）

表 A	名字：__妈妈__
有助于家庭的事情	有助于家庭和自己的其他事情
1. 做饭	1. 学习弹吉他
2. 跑腿	2. 减少打电话的时间
3. 每天去做一份兼职	3. 打扫客厅
4. 回收塑料瓶	4. 辅导珍珍做功课
5. 打扫房间——扫地、除尘和吸尘	5. 给花浇水
6.	6.
7.	7.

表 B 示例（来自8岁的波波）

表 B	名字：__波波__
__波波__ 可以做的有助于家庭的事情	__波波__ 可以做的有助于家庭和自己的其他事情
1. 要求吸尘时可以去做	1. 将脏衣服放进脏衣篮
2. 整理床铺	2. 不用催也可以每晚完成家庭作业
3. 讲故事给妹妹听	3. 自己做上学简餐
4. 倒垃圾	4. 饭后清理饭桌
5. 帮助妈妈叠衣服	5. 放学回到家后把大衣挂在衣架上
6.	6.
7.	7.

爱的合约
给家长和孩子的一本行为合约

现在最精彩的部分来了！在大家完成表 A 和表 B 后，再给每个人发放表 C。表 C 可以填写个人最喜欢做的事情、最想要的物品或者最喜欢的奖励。可以跟全家人一起商量。即使是有两个或以上的人写了同样的奖品也没有关系。表 C 上的奖励可以是你每天喜欢做的事情，当然也可以是某一个特别的东西——一个你一直以来都想要的东西或者想做的事情。读者朋友们可以根据自己的喜好尽可能多地填写。温馨提醒，表 C 的背后还有更多空间让你可以继续添加。

假如家里正好有像小米粒一样还不会写字的小孩，你可以给他们布置一些简单易懂的任务并讲解给他们听，然后问孩子最喜欢的东西是什么。在得到答案后，家庭成员可以帮助还不会写字的儿童完成列表。

当你完成了表 C，再将刚刚完成的表 A 和表 B 给大家传阅。如果表 B 上的内容写得让你难以理解，就要赶紧问清楚哦！

全部完成了吗？好的！现在准备好为你的第一份合约选择一项任务吧。

以下是表 C 的参考示例。

表 C　示例（14 岁的苏安安喜欢的事物）

表 C	名字：　苏安安
我最喜欢的东西、活动和特别奖励	
1. 听音乐	
2. 看电影	
3. 玩弹球	
4. 小型高尔夫游戏	
5. 游泳	

续表

6. 滑雪
7. 冰淇淋
8. 鱼缸和鱼
9. 野餐
10. 收集硬币
11. 骑马
12. 跟爸爸去钓鱼
13.
14.
15.

表 C 示例（苏安安的爸爸喜欢的事物）

表 C	名字：＿＿爸爸＿＿
我最喜欢的东西、活动和特别奖励	
1. 打保龄球	
2. 在床上吃早餐	
3. 看食谱	
4. 打篮球	
5. 躺在椅子上休息，不被任何人打扰	
6. 看电视	
7. 跟朋友打牌	

续表

8. 跟孩子们看电影
9. 足球联赛的VIP席位
10. 跟孩子妈妈一起出门吃晚餐
11. 做菜
12.
13.
14.
15.

二、选择一个目标任务

接下来就是让每个人详细查阅表 A 和表 B 的时候了。家庭成员之间传阅一圈后，帮助每个人选择哪项任务是应该最先着手的。询问以下问题能帮助每个人决定首先应该选择哪项任务：如果完成了这项任务是否更有助于个人成长？如果完成这项任务，家庭是否将变得更加快乐和睦？这个人可以做到这项任务吗？这个人是否有能力完成这项任务？

若以上所有问题的答案都是肯定的，那这将是你的目标。还须记住，当所有人都认为该任务重要时，合约会更有效。

一旦家庭成员选择好了一个任务，请用具体的话描述出来。这些话应该具体到任务的内容以及应该如何更好地完成它。还记得林小杰一家是如何具体地制订小杰打扫房间的合约吗？合约一开始并未起到应有的效果，直到全家人重新定义并修改。希望下面的例子可以给大家一些启发。

任务的名字	具体任务
睡前准备	• 洗手和洗脸 　刷牙 　换睡衣 　把换下来的衣服挂进衣柜
整理房间	• 把所有垃圾扔进垃圾桶 　把所有玩具和工具收进储物室
对弟弟友好	• 跟弟弟玩游戏或者讲故事给他听 　帮他收拾玩具 　不打他 　不叫弟弟"笨蛋"或者"傻瓜"
关心女儿	• 询问她家庭作业的情况 　多问她对事情的看法 　赞美她过去或者现在所做的事情 　请她做我的小帮手

在按这个方式写好表格后，就该决定任务的完成时间或频率了。该任务是每天完成、一周完成两次，还是每个周六完成一次？是在某一个特定的时间点完成，还是在那个人想得到奖励的时候完成？以下是一些例子：

爱的合约
给家长和孩子的一本行为合约

任务的名字	完成时间（完成频率）
按时上床睡觉	•周日到周四21：30之前 　周五和周六10：30之前
整理房间	•每周五或周六
对弟弟友好	•每天花30分钟跟弟弟玩游戏或者讲故事给他听 　从不打他 　一周叫他"笨蛋"或者"傻瓜"不超过一次
关心女儿	•完成下面四个任务中的两个，具体到一天至少一次 　问她家庭作业的情况 　问她对某事情的看法 　赞美她过去或者现在所做的事情 　请她做我的小帮手

　　最后需要确认的事情是完成任务的预期。在前面的故事里，假如小杰每周只有一天未做到打扫房间的约定，他仍旧可以得到奖励。有些任务确实是需要每天都完成的，例如喂小猫、为家人做饭或者完成家庭作业。但是，某些任务如果偶尔没有完成也不会影响终极奖励，例如练习乐器、整理床铺、帮助家人完成特别的项目。记住，人无完人！所以，预计可能发生的事情，为它们留个余地，并把它们写进合约！这样可以避免后期的争议。
　　现在让我们进入最有趣的部分吧！

三、选择奖励

现在请大家认真阅读并传阅表C，随后每个人选择完成任务后希望获得的奖励。值得注意的是，每个人所选择的奖励都应该是公平合理的。也就是说，奖励应该足够丰厚，这样才能起到相应的激励作用，但太丰厚了也不行！以下的例子可以给你一些启发：

任 务	公平合理的奖励	不公平合理的奖励
每晚做家庭作业	看一小时电视	看五分钟电视
每天倒垃圾	这个月可以去看一次电影	可能下个月去看电影
一周三次练习吹小号	每隔两周出去吃一顿比萨	每个练习日都出去吃比萨

为了更好地选择奖励，可以问自己以下问题：该奖励太小了吗？该奖励太大了吗？如果对其中任何一个问题的回答是肯定的，那么就有必要修改奖励。这才是公平合理的。谨记：签订合约的双方都需要同意该奖励是公平合理的！仅一方认同并不可行。

奖励的设置也应该是具体的，即应详尽地写上能得到多少奖励，什么时候可以得到。例如，东东和他的父母一致同意，如果东东每周洗三次碗，他便可以周日晚上邀请一两个朋友来家里吃饭。这对他们来说是公平合理的。

大多数时候是完成一个任务选择一项奖励，但也可以列举好几个奖励再选择其中一个，二者皆可。莎莎和她的爸爸妈妈就是这样做的！他们双方一致同意：如果完成任务，莎莎就会获得以下奖励：

1. 周六或者周日跟妈妈一起去游泳池游两个小时；
2. 持续两周完成任务后，去看一场电影；

3. 若每次都能完成任务，每周可以获得 10 元零花钱。

如果莎莎可以做到每周三个下午都可以照顾妹妹娜娜，那么她可以从以上的列表里选择一项作为奖励。

有些奖励可能太大或者很特别，例如，得到一个平板电脑、出去吃晚饭或者逛动物园，若每天奖励则不合适，因而采用计分制不失为一个好方法。也就是说，每次完成任务得一分，积累了一定数量的分数后可以换取奖励。那么，一份奖励要积多少分呢？这要看奖励的大小和具体任务。但是请记住，计分也需要双方同意并签订合约。它必须是公平的！跟其他合约一样，双方也需要以白纸黑字的方式在合约上写好，以防止出现因不清楚规则而对积分兑换奖励的提议存在后期异议。

下面向大家分享一份沐沐家积分换奖励的清单：

奖　　励	分　值（单位：分）
冰淇淋、汽水或酸奶	5
出去吃比萨	8
看电影	15
一套颜料	25
飞机模型	25
订阅杂志	40
马戏团门票	50
一套可收集的邮票	60
乒乓球桌子	300

到目前为止，所有家庭成员都应该选好了任务和奖励。现在是时候写合约了！

四、制订合约

合约应该是美观而且易于理解的，它应该包括上文所提到的任务和奖励信息。在附录里有可以撕下来使用的合约模板，就像林小杰家的合约一样。读者朋友也可以设计自己喜欢的合约风格，也可以像小杰一样设计一枚特别的印章。在合约的一角盖上专属印章会让履行合约更具仪式感，也可以令合约看起来更正式。

现在，撕下合约，请仔细浏览一遍吧！

合约左边的第一栏是填写合约人名字的地方，即谁完成任务可以获得奖励。然后，写上任务以及需要何时完成任务，如每天、一周两次、一周一次还是上学以前等等。在"做到程度"一项要详细写清楚做到什么程度才算完成任务。如果想为预期结果留有余地，也需要写上。

合约的右边写上谁将会获得奖励、什么样的奖励、何时得到奖励及其价值。

合约的双方——任务方和"颁奖方"，需在合约的签名处签上自己的名字，同时签署日期。这有助于双方记住合约是何时制订的。

注意到合同下方的任务记录部分了吗？你可以利用该部分追踪任务的完成度以及何时可以得到奖励。你也可以根据自己的喜好或者需要填写具体哪一天完成任务，每完成一次则打一个勾。假如你想使用积分系统，可以使用任务记录来记录每次赢得的积分。也可以回顾一下林小杰家的合约，看看他们是如何做任务记录的。

记住：即使对方不识字也不会写字，你也可以与他们制订合约。还记得小杰的妹妹米粒的合约吗？图片同样可以传达任务和奖励的信息！你可以画出任务或者剪下代表任务或奖励的图片贴在合约上。

接下来是顾小艾家的合约示例。

合 约

任 务		奖 励	
名 字	顾小艾	名 字	顾小珊
事 件	清理车库	事 件	给顾小艾洗车、打扫车内卫生
时 间	每个月的第一个周六	时 间	每个月的第一个周六
做到程度	1. 清扫地板 2. 把工具收好 3. 把所有园艺工具挂在墙上相应位置	做到程度	1. 洗车、擦车 2. 吸尘 3. 清洗车窗
签 名	顾小艾	日 期	7月21日
签 名	顾小珊	日 期	7月21日

任务记录

	八月	九月	十月	十一月	十二月	一月	二月	三月	四月	五月	六月	七月	八月	九月	十月
车库√		√	√	√	√	√									
洗车√		√	√	√	√	√									

第十章 合约工具包开箱，一起来DIY吧！

合 约			
任 务		奖 励	
名 字	顾博	名 字	顾小艾
事 件	给全家准备简便午餐	事 件	给顾博做最喜欢的菜
时 间	每天：周一到周五上午8点前	时 间	每周一次：周六或者周日
做到程度	每人一份午餐，打包好装进午餐袋（生病时除外）	做到程度	顾博喜欢的任何菜式，只要材料费用总共不超过100元
签 名	顾博	日 期	7月30日
签 名	顾小艾	日 期	7月30日
任务记录			

周一	周二	周三	周四	周五	周一	周二	周三	周四	周五	周一	周二	周三	周四	周五
√	√	√	√	√	√	√	√	√	√	√	√	√	生病	
√	√	√	√	√	√	√								

　　有时，把合约本身作为提醒也是个不错的主意哦！就像小米粒的合约是被贴在了金鱼缸上，琳琳则是把合约贴在了橱柜上来提醒自己每晚按时做饭。如果你是像小杰那样跟自己制订了合约——完成家庭作业，你可以把合约挂在哪里呢？没错！书桌前是再合适不过的了！如果不想把它用作提醒，也可以选择

挂在安全方便的地方，以便随时查看。

现在合约已经准备就绪，让我们一起出发！加油！

五、一份成功合约的制订规则

磨刀不误砍柴工，在开始实行合约之前，需要确保合约的成功运作，因而很有必要阅读以下规则。

有时候一些疏漏会使你的合约不能如愿起效。这个问题林小杰家已经遇到过，但是他们最后都成功解决了。所以，如果你的合约一开始没有起作用，再试一次！返回查看合约制订细则，你可能会发现做得不对的步骤，然后修改并重新开始！

规则一：合约必须写在纸上。好记性不如烂笔头。建议大家写下合约，然后挂在触手可及的地方。若有任何疑问，还可随时查阅。

规则二：合约必须具体化。检查你的合约是否包括了以下的所有信息：

- 任务
  - 人物
  - 事件
  - 时间
  - 完成程度
  - 例外（如果有的话）

- 奖励
  - 人物
  - 内容事件
  - 时间
  - 奖励的大小

然后询问自己三个问题：

1. 是否每个成员都理解合约的全部内容？
2. 任务是否合理？是否在能力范围内？
3. 奖励是否合理？

规则三：合约应该是积极的。对合约规定的内容就应说到做到。这样我们就只需按签订的合约执行。如果任务完成了，就能得到奖励；如果没有，则不能得到奖励。

规则四：合约应该是公平的。从小杰的故事里我们看到了合约的双方需要一致同意任务及其相应的奖励。共同协商并得到双方的同意，更有助于团结全家人完成任务。

规则五：奖励应该是及时的。每个人完成了任务都应该尽快获得奖励。如果你们使用积分系统，记得立刻在任务记录表里做上标记。

规则六：合约应该是真诚的。若不能为对方实现奖励，则不要轻易承诺。因而所选择的奖励应该是对方做到就能赢得的。这同样适用于任务中。如果你觉得自己做不到，则不要签订合约。双方约定的内容都需合情合理。记住：完不成任务，就得不到奖励。

规则七：按需要修改合约。如果合约没有效果，不要害怕修改它，但是需要保证双方都同意修改方案，再开始实施。

祝你好运！

第十一章 合约中常见的 12 个问题

首次使用行为合约的父母和老师自然会有一些疑问。例如，在某些特别情况下，采取哪些步骤才是更为有效的？在家庭或者学校的现实环境中，出现实际问题时该如何应对？教授合约制订方法的人应以一种开放的、坦诚的，以及相关知识储备扎实的状态来处理这些问题。为了使你更好地处理相关问题，我们收集了被问及最多的一些问题。在下文中我们列举了最常见的 12 个问题及其答案，这些答案逻辑性强且与人类行为科学是一致的。值得一提的是，并非所有的答案都能回应你在合约里遇到的问题，但也许可以为你关心的大部分问题提供参考。

1. 为什么要奖励孩子本该做的事情？

如果孩子无需任何奖励机制便能自觉做家务，这当然是最好的。但是，这对现实生活中的大多数孩子来说是不切实际的。大部分时候，孩子在家里和学校受到的奖励经常与家务或者作业并不密切相关，即家务或者作业并未与某一奖励直接挂钩。一般来说，在使用奖励系统去解决某一问题时，在生活中经常还会遇到一两个其他的冲突。实际经验告诉我们，准备一些特别的奖励并将它们用于奖励那些特定的、适当的行为是很有必要的。

当然，如果孩子已经可以如期完成任务，则没有必要再使用合约去激励他们。那些尚待改善的行为才需要合约来约束。我们可以采用这样的思考方式，合约化的行为方式有助于缓解成年人与孩子之间的矛盾，并向积极合作的方向发展。待孩子可以维持该行为时，我们再逐渐移除有形的奖励（详见问题5）。

2. 合约是贿赂吗？

"贿赂"在字典中被定义为诱发执行非法或不道德的行为。与之相反的是，合约的执行是有益的，是为恰当的行为提供激励机制的方式。合约化系统就如同因个人恰当的行为而收获的报酬、工资、奖金、销售佣金和额外的度假奖励等。

3. 对孩子该做的所有行为都需制订合约吗？孩子应该通过合约而赢得所有的奖励吗？

不是的。因孩子缺乏自律的情况或成年人和孩子都认为重要的事情才需要制订合约。基于同样的道理，你可以而且应该更频繁地奖励孩子，这不仅仅是为了完成合约，而是自然而然地在日常互动中奖励孩子的恰当行为。

4. 假如孩子没有合约就不做任何任务怎么办？

避免出现该问题的关键在于合约的制订仅用于处理某些特别的行为，而非使用合约来完成所有的作业或家务。我们可以告诉孩子，他们是家庭或者班级中重要的一员，这需要他们建立强烈的参与感和责任感。最重要的是，父母一开始就应以这种基调建立关系，仅针对孩子尚未做到的行为使用合约。

5. 合约一旦开始便永远有效吗？什么时候该停止使用合约呢？

合约只是帮助人们建立相互协作的一种方法。一旦孩子们完成任务后便可以在自然环境中获得次级奖励，例如，来自家庭成员或者小伙伴的赞美，以及成功后的自我满足感，这时可以考虑逐渐减少合约的使用。一般来说，在几周之后孩子和家长基本就可以达到目标了，之后可能也不再需要合约了。这正是结束合约的恰当时机，但是我们建议你和孩子都应该在未来的某一天检查一下行为的维持情况，以确保事情仍然顺利进行着（更多信息请阅读第十二章）。

6. 假如我的孩子拒绝签订合约怎么办？

请参考第十二章"处理两个特殊情况的建议"。

7. 跟一个孩子签订合约，另一个也想要怎么办？

太棒了！为什么不让另一个孩子也参与进来呢？你现在已经知道了如何激发孩子更好地完成任务，这将帮助他们更好地成为家庭/班级中重要的一员。需要明确的是，任务和奖励必须是个性化的、双方需要的以及双方都感兴趣的。

8. 如果孩子不认识字怎么办？还可以跟他签订合约吗？

请参考第十二章"处理两个特殊情况的建议"。

9. 合约一定要用书写的形式记录吗？

不是的。不过需要确保合约的条款以某种形式进行记录（如书面记录或者录音）。由于每天在家里或者学校里发生的事情有很多，忘记合约中的某些条款不足为奇，因而做好记录能有助于避免双方争论谁该何时何地做某事，这也是一种友情提醒和永久性的参考记录。一般来说，写下来是最好的方法。第十二章中有为不识字的儿童制订合约的具体建议。

10. 我们如何知道自己是否做了一份好的合约？

有三种途径可以判断：①合约是否符合第十章第五点"一份成功合约的制订规则"；②签名的双方对合约的运作过程和结果是否满意；③合约是否起作用。

11. 孩子总想要过贵的礼物而没办法对奖励达成一致怎么办？

如果你有能力给孩子所要求的奖励，那么，这有何不可呢？这并不是说每一次任务都要给奖励，可以对一个特定的项目设置积分兑换制（关于积分系统请查看第十章第三点的内容）。如果无力兑现奖励，可以向孩子说明情况，并提供其他可选择的奖励。

12. 合约是否缺乏人性化或过于机械化

答案是否定的。家长和老师的目标是帮助孩子应对不断变化的世界。合约有助于促进亲子关系健康发展，并能系统化地帮助孩子建立良好的生活和学习习惯。当你帮助孩子理解了其行为与环境之间的关系，并掌握了与之互动的工具时，会使得他们能更好地规划自己的学习和生活。可以说，合约是孩子迈向更加独立和更加人性化生活的第一步。

第十二章 处理两个特殊情况的建议

《爱的合约：给家长和孩子的一本行为合约》一书中除了小米粒的"宠物合约"之外，所有合约都需要孩子具备读写能力。尽管合约一般需要写下任务和奖励，但对于缺乏阅读能力的人来说，合约也是一种有效的工具。本章将为缺乏阅读能力的人和拒绝签约的人给出建议。①

一、缺乏阅读能力的人

阅读能力欠缺的人大致可分为以下三类：① 3～5 岁的学龄前儿童，有口语表达能力；②初上小学的儿童，基本具备读写能力但能力有限；③成年人，有基本的口语和理解能力，但因一般或特殊的学习障碍而缺乏读写能力。

1. 确定任务和奖励

假如《爱的合约：给家长和孩子的一本行为合约》一书中"合约工具包"

---

① 对口语表达能力和理解能力较弱的人来说，合约并不是一个恰当的行为管理步骤，因而需要更直接的管理技术以应对这种情况。

爱的合约
给家长和孩子的一本行为合约

（第十章）所讲的合约制作程序无法适用于你的孩子，你不妨尝试与孩子商量合适的任务和奖励，在玩耍中观察孩子，猜测孩子的喜好。你也可以在表 A、表 B 和表 C 中写下任务和奖励作为参考。无论如何，花时间并使用孩子能理解的语言和例子向其解释合约是十分有必要的。

2. 制作合约

假如孩子认识一些关键性词语，则最好使用一至两个孩子熟悉的词语描述任务和奖励。例如，孩子可能认识"盒子里的玩具""洗手""果冻""故事书""动物园"这些字，在口头解释完合约后，你可以在合约里写下这些单词或者短语。如果孩子还不识字，你可以以图片的方式视觉化这些任务和奖励（或一系列的奖励）。为了明确谁在做什么，可以在合约的左边（任务栏）贴上孩子的照片，然后在合约的右边（奖励栏）贴上家长或者老师的照片。

同样地，你可以用照片描述任务和奖励。拍下照片，例如干净的卧室、摆放整齐的餐桌、一盘巧克力曲奇饼干或者去公园野餐，用照片具体地记录任务中的所有特定细节有明显的优点！孩子可以使用图片作为一种检查应该如何完成任务的参考工具。孩子和成年人可以剪下照片和现实场景进行点对点的对照。你也可以剪下旧杂志或者旧图书上的图片贴在合约的相应位置，只要这些图片能很好地向孩子传达你所描述的信息。

许多合约都包含时间因素。例如，如果孩子的奖励是可以在晚上 7～8 点间看电视，但他并不理解时间，你可以在合约上画出时钟的时针指在 7 点的样子，在一旁再画一个意味着一个小时的定时器或沙漏的图片。在孩子学会辨认图片上的时刻表后，他也就能够理解合约上的其他时间元素了。你可以描述一个任务必须在一天之中的某一个时间段内完成，或者用同样的方法描述在某一个时段必须进行的任务。

你甚至可以让孩子使用视觉而不是数字线索来记录特定的奖励。例如，完成了五项任务便可以得到奖励，孩子可以在五个方块中的一个方块中涂上颜色，表达他完成的每项任务。在完成几个任务后，他就会明白何时能赢得奖励。在某些情况下，你也可以把以上所讲的图片法和关键字结合起来使用。

二、拒绝签约的人

《爱的合约：给家长和孩子的一本行为合约》一书的出发点是希望孩子们读完了林小杰一家人的故事后，会迫不及待地想要尝试。我们也已经有数据支持这一理念。大部分孩子读完后都满腔热忱地跃跃欲试。更有趣的是，我们发现更多的是孩子要求父母一起来试一试。当然，我们也知道仅靠阅读一个家庭的一则简短故事，就想要激发所有的儿童去尝试行为合约，这一想法也许太过天真。毕竟有的孩子对行为合约不以为然。例如，有的孩子会说："你写你的蠢合约，我才不签呢。"

当你的孩子，或者你与之合作的家长的孩子这么说时，千万不要轻易放弃。同时，不要跟孩子争论或者强迫他与你签合约。强制他人签合约与行为合约的理念是背道而驰的。记住，孩子叛逆可能是由过去与家长之间的负面经历造成的。不要生气或放弃，你可以尝试我们这里建议的任何一种方法。很多父母已经找到了有效的且能让他们的孩子尝试签合约的方法，便是以下的一种方法或是多种方法的结合。

1. 示范

在非独生子女家庭中，示范通常是一种处理拒签的成功手段。很多时候，拒签者的兄弟姐妹会愿意尝试签署合约。在这种情况下，家长应该忽视拒签者对合约的批评，而对签约者给予较多关注。如果是独生子女家庭，拒签者是家里唯一的孩子，家长可以相互签约给孩子起到示范的作用。如果是单亲家庭，家长可以尝试与一个朋友签约以传达行为合约的概念。家长应该尽力使合约生效并使其充满趣味性。如果拒签者持续看到他的兄弟姐妹或者父母享受合约的过程，他可能也会忍不住想要尝试。如果拒签者回过头愿意尝试，全家人应向其传达一种友好的信息，这将会更有利于其完成合约。例如，家长可以说："欢迎加入！你想签署的第一份合约是什么呢？"而不是"看吧，我们早就告诉你，当初是谁还不愿意呀。"

2. 家长的合约

基于过去的经验，有的孩子担心家长是否真的准备好了自己想要的奖励。这些孩子可能经常受到不公平的待遇，在孩子看来，他们总是处于"食物链的底端"，一切都由家长决定——这个观点至少对拒签者来说是成立的。在这种情况下，我们可以采用这样的方法。

家长可以这样对孩子说："如果你觉得合约不公平（不会起作用，不是个好主意或者其他任何拒签者不喜欢的原因），让爸爸和妈妈先来试试。"让孩子决定完成任务后的具体奖励。这样，拒签者得以体验到掌控感。在参与并监督家长完成任务后，许多拒签者会逐渐了解到合约是公平的、起作用的，而且并不是那么滑稽可笑的。此时，你便可以向孩子伸出橄榄枝——邀请孩子共同针对某一任务制订合约了。

3. 自我制订合约

也许拒签者认为合约是一张空头支票，认为即使自己完成了特定任务也不会得到奖励。从以往的经验角度看，孩子这样想也在情理之中。较好处理孩子这种警惕心的方法是让他自己制作并实施合约，告诉孩子他可以完全地掌控合约的任务和奖励部分。说到这，有的读者朋友可能会问：如果给予孩子这么大的自由，他会不会作弊呢？可能会，但绝大部分孩子并不会。事实上，研究表明，当孩子被允许设定自己的工作和奖励标准时，相较于成年人而言，他们会对自己更严格。关于如何教孩子自己制作合约，请返回查看第十章。

4. 塑造和忽视

首先，家长应该明白的是拒签者拒绝签订合约这一举动只是一种行为。但凡是行为，都是可以改变的。假如孩子的某一行为从家长那里得到了许多的关注，该行为以后发生或出现的频率便会增长。如果该行为没有产生任何回应，它可能会减少或消失。

我们设想中家长能碰到的最糟糕的情景莫过于当孩子对合约做出诸如以下的评价："签合约也太傻了吧""我决不签合约""笨蛋才签合约"。听到这些，如果家长反应过激并坚持说服孩子，这便是不可取的。我们应该忽视孩子的反对性、消极言论。对于孩子而言，与父母开展一场"生动的辩论"反而会强化他们与你继续争论的行为。我们应该针对孩子对合约表现出的任何积极反应，甚至是中立的反应给予积极的关注，其中包括孩子拿起本书，或翻看家里其他成员的行为合约，甚至说些例如"我想知道有没有人为_____制作过合约？"的话。运用这些方法塑造或者奖励每一个积极参与签订合约的行为反应，忽视拒绝签订合约的行为，这将对鼓励孩子使用行为合约起到事半功倍的效果。

5."我不需要合约"

正如前文所强调的，合约并不能解决所有的家庭问题。有的家庭可能并不喜欢行为合约的理念。不过，我们研究发现，大部分家庭可以调整合约的基本理念，以满足他们的个人需求和实际情况。对于有的合约拒签者，尽管家长已经尝试了不同的方法极力说服他们试一试合约，但仍有可能得到这样的回应："我不需要一份合约来告诉我们需要做什么。"而事实是不签合约他根本不会去做那些事情。既然如此，这可能是一个"听从"的好时机，咱们可以试试"走着瞧"，看孩子能否真的做到言出必行。家长可以说："好吧，不签合约，让我们看看事情做好了没有。"随后，你可以剪掉合同的任务记录部分，将任务直接贴在冰箱上。或者你可以按自己的需求制作任何类型的简明图表来记录任务的完成度。但是，要注意观察交给孩子自己记录任务的完成效果是否更好，哪怕孩子拒绝签订合约甚至不会记录自己的行为。在这种情况下，如果没有行为合约，孩子也能够完成任务，这很棒！记得赞美或者鼓励他的这一行为。谁说每个家庭都必须要签订合约呢？我们所做的一切都是为了使家庭关系更融洽与和谐。如果其他途径也对孩子有效，何乐而不为呢？

6. 何时放弃

就像我们前面所说的，本书背后的理念是希望书中所讲的行为合约也能在其他家庭中起作用。在这方面，已有研究表明它是相当成功的。因为许多儿童在读完林小杰的故事后都跃跃欲试。当然，并非人人都想尝试，但也有人尝试了里面的所有技巧和其他一些技术后仍然不成功。在这里我们只是向你介绍一些方法鼓励拒签者去尝试。除此之外，即便签订了合约去改变行为，但问题可能仍然在家中或教室中发生。在这种情况下，如果你是家长或者老师，我们建议你寻求专业人员的帮助或者向擅长行为分析的家庭治疗师咨询，我们也鼓励大家多参加儿童行为管理技术方面的相关培训。

附 录
撕下属于你们的合约表吧!

表 A	名字：＿＿＿＿＿＿
有助于家庭的事情	有助于家庭和自己的其他事情
1.	1.
2.	2.
3.	3.
4.	4.
5.	5.
6.	6.
7.	7.

表 A	名字：＿＿＿＿＿＿
有助于家庭的事情	有助于家庭和自己的其他事情
1.	1.
2.	2.
3.	3.
4.	4.
5.	5.
6.	6.
7.	7.

表 A	名字：＿＿＿＿＿＿
有助于家庭的事情	有助于家庭和自己的其他事情
1.	1.
2.	2.
3.	3.
4.	4.
5.	5.
6.	6.
7.	7.

表 A	名字：＿＿＿＿＿＿
有助于家庭的事情	有助于家庭和自己的其他事情
1.	1.
2.	2.
3.	3.
4.	4.
5.	5.
6.	6.
7.	7.

表 A	名字：_____
有助于家庭的事情	有助于家庭和自己的其他事情
1.	1.
2.	2.
3.	3.
4.	4.
5.	5.
6.	6.
7.	7.

表 B	名字：＿＿＿＿＿＿
＿＿＿＿＿可以做的有助于家庭的事情	＿＿＿＿＿可以做的有助于家庭和自己的其他事情
1.	1.
2.	2.
3.	3.
4.	4.
5.	5.
6.	6.
7.	7.

表 B	名字：_____
_____可以做的有助于家庭的事情	_____可以做的有助于家庭和自己的其他事情
1.	1.
2.	2.
3.	3.
4.	4.
5.	5.
6.	6.
7.	7.

表 B	名字：_____
_____可以做的有助于家庭的事情	_____可以做的有助于家庭和自己的其他事情
1.	1.
2.	2.
3.	3.
4.	4.
5.	5.
6.	6.
7.	7.

表 B	名字：_____
_____可以做的有助于家庭的事情	_____可以做的有助于家庭和自己的其他事情
1.	1.
2.	2.
3.	3.
4.	4.
5.	5.
6.	6.
7.	7.

表 B	名字：＿＿＿＿＿＿
＿＿＿＿＿可以做的有助于家庭的事情	＿＿＿＿＿可以做的有助于家庭和自己的其他事情
1.	1.
2.	2.
3.	3.
4.	4.
5.	5.
6.	6.
7.	7.

表 C   名字：＿＿＿＿＿＿

我最喜欢的东西、活动和特别奖励

1.

2.

3.

4.

5.

6.

7.

8.

9.

10.

11.

12.

13.

14.

15.

表 C   名字：_____

我最喜欢的东西、活动和特别奖励

1.
2.
3.
4.
5.
6.
7.
8.
9.
10.
11.
12.
13.
14.
15.

表 C	名字：＿＿＿＿＿＿
我最喜欢的东西、活动和特别奖励	
1.	
2.	
3.	
4.	
5.	
6.	
7.	
8.	
9.	
10.	
11.	
12.	
13.	
14.	
15.	

表 C	名字：＿＿＿＿＿＿

我最喜欢的东西、活动和特别奖励

1.
2.
3.
4.
5.
6.
7.
8.
9.
10.
11.
12.
13.
14.
15.

表 C	名字：＿＿＿＿＿＿
我最喜欢的东西、活动和特别奖励	
1.	
2.	
3.	
4.	
5.	
6.	
7.	
8.	
9.	
10.	
11.	
12.	
13.	
14.	
15.	

合　约

任　务		奖　励	
名　字		名　字	
事　件		事　件	
时　间		时　间	
做到程度		做到程度	
签　名		日　期	
签　名		日　期	

任务记录

合 约

任　务		奖　励	
名　字		名　字	
事　件		事　件	
时　间		时　间	
做到程度		做到程度	
签　名		日　期	
签　名		日　期	

任务记录

合　约			
任　务		奖　励	
名　字		名　字	
事　件		事　件	
时　间		时　间	
做到程度		做到程度	
签　名		日　期	
签　名		日　期	
任务记录			

合　约

任　　务		奖　　励	
名　字		名　字	
事　件		事　件	
时　间		时　间	
做到程度		做到程度	
签　名		日　期	
签　名		日　期	

任务记录

合　约

任　务		奖　励	
名　字		名　字	
事　件		事　件	
时　间		时　间	
做到程度		做到程度	
签　名		日　期	
签　名		日　期	

任务记录

合　约

任　务		奖　励	
名　字		名　字	
事　件		事　件	
时　间		时　间	
做到程度		做到程度	
签　名		日　期	
签　名		日　期	

任务记录

合　约			
任　务		奖　励	
名　字		名　字	
事　件		事　件	
时　间		时　间	
做到程度		做到程度	
签　名		日　期	
签　名		日　期	
任务记录			

合 约			
任 务		奖 励	
名　字		名　字	
事　件		事　件	
时　间		时　间	
做到程度		做到程度	
签　名		日　期	
签　名		日　期	
任务记录			

合 约

任 务		奖 励	
名　字		名　字	
事　件		事　件	
时　间		时　间	
做到程度		做到程度	
签　名		日　期	
签　名		日　期	

任务记录

合　约			
任　务		奖　励	
名　字		名　字	
事　件		事　件	
时　间		时　间	
做到程度		做到程度	
签　名		日　期	
签　名		日　期	
任务记录